ハーバードで
いちばん人気の国・日本

なぜ世界最高の知性はこの国に魅了されるのか

佐藤智恵
Sato Chie

PHP新書

はじめに

ハーバード大学経営大学院のイーサン・バーンスタイン助教授（Ethan S. Bernstein）が「テッセイの物語を教材にしたいんだ」と熱い思いで語ってくれたのは、二〇一四年六月のことだ。テッセイとは、「ＪＲ東日本テクノハートＴＥＳＳＥＩ」（以下、テッセイ）のこと。ＪＲ東日本が運行する新幹線（東北・上越・北陸・山形・秋田）の清掃業務を請け負っている会社である。あの「新幹線お掃除劇場」で有名になった会社といえば、ご存じの方もいるだろう。

バーンスタイン助教授は、その年の春、テッセイを訪問し、これ以上はないというくらいの感銘を受けた。日本人のリーダーや従業員の皆さんがやり遂げたことがどれだけすごいことか、熱弁をふるうバーンスタイン助教授をみて、ハーバードにもこんなに日本企業のことを評価してくれている教授がいるんだ、と感激したのを覚えている。

時をほぼ同じくして、「ハーバードでいま、いちばん人気のある国は日本なんですよ」と現地の日本人留学生から聞いた。なんでも日本への研修旅行は毎年、一〇〇名の予約枠がすぐに埋まってしまうほどの人気ぶりだという。

なぜハーバードの教員も学生も、こんなにも日本に魅せられるのだろうか。そんな素朴な疑問から、本書の取材は始まった。

アメリカ合衆国マサチューセッツ州にあるハーバード大学といえば、いうまでもなく世界最高学府である。なかでもハーバード大学経営大学院（以下、ハーバード）は、アメリカ大統領からグローバル企業のＣＥＯ（最高経営責任者）まで、数多《あまた》のリーダーを育成してきたことで知られている。

現在、ハーバードでは一学年約九〇〇人、二学年合わせて約一八〇〇人の学生が学んでいるが、その多くが、いわゆる各国の要人の子女、富裕層の子女である。彼らは卒業後、政財界で要職に就き、世界に大きな影響をもたらす人たちとなる。

そのハーバードではいったい、どんな授業が人気を集めていて、何を日本から学ぼうとしているのか、それを解き明かそう、というのが本書の目的である。

日本にいると気づかないが、ハーバードで取材をしていると、日本が世界に大きな影響を与えてきた国であることをあらためて実感する。世界初の先物市場が、日本で生まれたこと、戦後の日本の経済成長が、新興国の希望となってきたこと、日本のオペレーションシステムが、世界の人々の道徳規範となってきたこと――。こんな話を教授陣から聞いているうちに、何だか私の心まで熱くなった。

日本はアメリカ人の価値観にも影響を及ぼしてきた。一九〇〇年、アメリカで出版された『武士道』（新渡戸稲造《にとべいなぞう》著）は、リーダーの道徳規範となり、セオドア・ルーズヴェルトやジョン・F・ケネディに愛読された。終戦後の一九四六年、原爆投下後の広島を取材した『ヒロシマ』（ジョン・ハーシー著）は、アメリカでベストセラーになった。一九八〇年代、ハーバードの教員をはじめとする知識人は皆、『ジャパンアズ ナンバーワン』（エズラ・F・ヴォーゲル著）を読んでいた……。こんな事実を私は今回、初めて知ったのである。

二〇〇〇年代前半の金融不祥事、二〇〇八年の金融危機を経て、いま、欧米の金銭至上主義が限界を迎えているといわれている。そんな時代だからこそ、日本が世界に教えられることはたくさんあるのではないだろうか。

テッセイの再生物語は、授業で教えられるやいなや、大反響を巻き起こしている。バーンスタイン助教授のもとには学生から「こんなリーダーシップがあるなんて、思いもつかなかった」「テッセイの話は私の価値観を変えてくれた」といった熱烈なコメントが寄せられている。日本企業の事例はどれも「お金で人は動かない」「人を大切にせよ」と本質的なことを教えてくれる。そこが欧米人の学生をハッとさせるのであろう。

世界最高峰の教育機関、ハーバードが日本のどこに着眼しているかを理解することは、アメリカの問題意識を知り、世界の行方を読み解くうえで重要なヒントにもなるだろう。そしてそれを知ることは、私たち日本人自身が気づかずにいる自国の強みと課題を見直す機会となるにもちがいない。本書がそうした読者の方々の意識を刺激し、毎日の糧になる一冊になれば望外の喜びである。

佐藤智恵

ハーバードでいちばん人気の国・日本

なぜ世界最高の知性はこの国に魅了されるのか

目次

序章

なぜハーバードはいま日本に学ぶのか

第1章

第2章

歴史——最古の国に金融と起業の本質を学ぶ

第3章

政治・経済――「東洋の奇跡」はなぜ起きたのか

第4章 戦略・マーケティング——日本を代表する製造業からIT企業まで

第5章

リーダーシップ――日本人リーダーのすごさに世界が驚いた

終章

日本人が気づかない「日本の強み」を自覚せよ

〈特記事項〉
＊本書は授業内容を解説するに当たり、「ケース」と呼ばれる英文教材を参照していますが、ケースの内容そのものを翻訳したものではありません。
＊文中、ハーバードとは、ハーバード大学経営大学院の略です。
＊故人の敬称は略させていただきました。
＊日本語翻訳書以外からの英文引用文は、すべて筆者訳です。
＊インターネット上の引用文献の閲覧日は、二〇一五年十二月二十日です。
＊教授のコメントで、引用元の記載がないものは、日経ビジネスオンライン「ハーバードのリーダーシップの授業」（二〇一四年九月～二〇一五年十月）、ダイヤモンドビジネスオンライン「ハーバードの知性に学ぶ『日本論』」（二〇一五年九月～二〇一六年一月）からの引用です。
＊教授の肩書、為替レートは、とくに記載がないかぎり、二〇一五年十二月現在のものです。

序章

なぜハーバードはいま日本に学ぶのか

すさまじい人気を誇る日本ツアー

「ハーバードでいちばん人気のある国は日本なんですよ」

現地の日本人留学生たちは口を揃えていう。

ハーバードの一年生は、毎年春になると研修旅行に参加するのが通例となっている。研修旅行の行き先は、インド、イスラエル、イタリアなど約一〇カ国。そのなかでいちばん人気となっているのが、日本だ。その人気はすさまじく、参加者募集を発表するやいなや、わずか数分で定員の一〇〇名が埋まってしまうという。

ハーバードは、一九〇八年にアメリカ・マサチューセッツ州で創立された世界最高峰の経営大学院だ。卒業生には、ジョージ・W・ブッシュ米前大統領、ニューヨークのマイケル・ブルームバーグ前市長、GE（ゼネラル・エレクトリック）のジェフリー・イメルトCEO、フェイスブックのシェリル・サンドバーグCOO（最高執行責任者）など、政財界のトップが数多くいる。日本人卒業生をみても、ディー・エヌ・エー（DeNA）の創業者、南場智子氏（一九九〇年卒）、サントリーホールディングスの代表取締役社長、新浪剛《にいなみたけ》史《し》氏（一九九一年卒)、楽天の創業者で会長兼社長の三木谷浩史氏(一九九三年卒)など、そうそうたる顔ぶれだ。

そんなハーバードで学ぶ若者たちに、なぜ日本ツアーが人気を集めているのか。二〇一五年五月、幹事として参加した二年生の日本人留学生、向山哲史《むこうやまさとし》さんはこう分析する。

「ハーバードの学生にとって日本は『気になってはいるが、なかなか訪れる機会がない国』なのです。授業で日本の自動車メーカーなどについて学んで『すごい国』であることは知っているし、アニメやキャラクターグッズや食べ物にも興味がある。だから、こういう機会があると飛びつくのだと思います」

この日本ツアーは、ハーバードでは「ジャパントレック」と呼ばれている。予約は一〇〇名だが、実際に参加するのは毎年七〇名程度。その半数を占めるのがアメリカ人学生だ。残り半数は、インド、アルゼンチン、メキシコ、トルコ、韓国など、各国からの留学生。日本人留学生はほぼ全員参加して、幹事団として活躍する。

二〇一五年の旅行では、京都、広島、箱根、東京の四都市を九日間かけて回り、企業や観光名所などを訪れた。他の経営大学院での研修旅行では、企業訪問を数多く詰め込むが、ハーバードの旅行はどちらかというと企業訪問以外の「日本体験」に重きが置かれている。日本企業などを訪れる実習授業が別に選択科目としてあるからだという。

参加者は日本を訪れたことのない人がほとんどだというから、彼らにとっては何もかもが初体験。感激もひとしおだ。

「これまで食べた料理のなかでいちばん美味しかった」

「キモノを着たり、温泉に入ったりしたのが楽しかった」

「ウォシュレットには感動した」

「日本の政治家が自分の言葉で規制緩和について説明してくれたのが印象的だった」

なかでもハーバードの学生がとくに感動するのは、「普通の日本人」の思いやりだ。

「小銭がなくて困っていたら、近くにいた人が両替してくれた」

「携帯電話をなくしたが、無事戻ってきた」

「道に迷ったら、目的地まで案内してくれた」

「レストランでは英語で一所懸命、説明してくれようとした」

「土産物店では美しい包装紙でテキパキとラッピングしてくれた」

こうした親切は日本人にとっては当たり前のことだが、日本人以外の学生にとっては当たり前ではないのである。

帰国後、彼らはすっかり「日本ファン」になる。参加者からの評価は毎年、満点に近く、その地位は揺るぎないものになっている。

「ハーバードの学生のあいだで、最も人気のある国が日本」といっても、過言ではなさそうなのである。

ラグジュアリーのイスラエル、ホスピタリティの日本

ジャパントレックと人気を二分しているのが、イスラエルへの研修旅行だ。裕福なスポンサーが研修旅行を支援していることもあり、参加者は最高級のホテルに泊まり、超豪華な食事を安価で楽しむことができる。この「至れり尽くせりのセレブ体験」に人気が集まっているのだという。

一方、ジャパントレックは、きめ細かいホスピタリティ（もてなし）で勝負。ラグジュアリー（豪華）さではイスラエルに負けるが、参加者のニーズにできるかぎり応えようとする日本人留学生の心意気が、高く評価されている。どのくらい企業訪問をしたいか、どんなところに行きたいか。事前に徹底的に調査して、旅程に反映させる。

日本人幹事団がとくに気を配ったのが食事だ。参加者それぞれ、食事に使いたい金額も違えば、宗教も違う。幹事の一人としてツアーに参加した二年生の日本人留学生、杉本洋平《すぎもとようへい》さんはいう。

「寿司店に行くときも、回転寿司から高級店まで、予算に応じて選べるようにしたのです。日本人留学生が分担して、各グループを引率するようにしました」

そのほかにも、待ち時間を少なくする、とくに行きたい場所があれば個別に対応するなど、万全の態勢を整えた。

前出の向山さんはいう。

「新幹線を降りたら待ち時間なしでバスに乗れるように手配しておく。一人もはぐれたりしないように、日本人によるケア態勢をつくる。一つひとつは小さなことですが、この『緻密なおもてなし』が高い満足度につながったように思います」

各国の研修旅行が存続できるかは、旅行後の参加者評価にかかっている。たとえば、あるアフリカの国への研修旅行は「最悪だった」という評価が広まっていて、二〇一五年の参加者はたった一五人。厳しい世界なのだ。

そんななか、ジャパントレックは最も人気があるツアーとして長年、君臨しつづけている。人気の背景には、もちろん日本の国そのものに魅力があることもある。しかし、歴代の日本人留学生の努力がなければ、これほどの人気は得られなかったであろう。

参加者に強烈な印象を残す広島での体験

京都、広島、箱根、東京と回るなかで、やはり参加者に強烈な印象を残すのが広島だ。ジャパントレックの訪問先は毎年、少しずつ変わるが、この広島だけは変わらない。「広島をみてほしい」というのは、日本人留学生の願いでもある。

二〇一五年の旅行では、原爆ドームと平和記念公園を訪れた。資料館で被爆の悲惨さを伝える写真やビデオをみた学生たちは、その場で言葉を失ってしまったという。アメリカでも他の国でも、原爆の被害について学校で詳しく学習することなど、ほとんどないからだ。

資料館を出ると、皆、口々にこんな感想を漏らした。

「アメリカでは『原爆を落としたことは戦争を終わらせるためで、戦略的に正しかった』と説明されることがあるが、これは人道的に許されるものではない」

「ここまでひどいことをされていながら、なぜ原爆を投下したアメリカに対する批判が日本から一言も出てこないのだ」

その場にいた向山さんは、「日本人はアメリカを批判するよりも、戦争そのものの悲惨さを語り継いでいこうという気持ちが強いのです」と答えるのが精一杯だった。

平和記念公園には、修学旅行で広島を訪れている小学生や中学生もたくさんいた。子どもたちが「原爆の子の像」に千羽鶴を捧げ、黙禱して帰っていくのをみた参加者は、近くにいた杉本さんにこういった。

「修学旅行で広島に来て、平和を願う。日本人の子どもたちはなんて素晴らしいのだろう」

ハーバードの学生は、卒業後、政財界の要職に就く人が多い。そういう人たちに広島を知ってもらい、日米の歴史を客観的にみる目を養ってもらうことは、日本にとってどれだけ価値のあることだろうか。ジャパントレックという研修旅行が果たしてきた役割は大きいのである。

どんな「ケース」が授業で教えられているのか

日本が人気を集めているのは、研修旅行だけではない。じつは授業でも、日本の事例は学生からの評価が高いのだという。

ハーバードの学生は一年目に必修科目、二年目に選択科目を学ぶ。授業は日本の大学のような講義形式ではなく、議論形式（ケースメソッド）で進められる。「ケース」と呼ばれる教材をもとに、授業でひたすら議論するのが特徴的だ。

ケースには、ある特定の国や企業の事例が、二〇ページ程度で簡潔にまとめてある。主人公は国の大統領や会社のCEO、役員などさまざまだが、彼らが重要な決断をする前の状況が説明されていることが多い。この人はかつて、こんな問題を抱えていました（問題）、そこに至る過程はこうです（歴史）、そのときの状況はこうです（財務、組織）など、主人公をとりまく状況が説明されている。

学生はケースの主人公になったつもりで、「自分がこの企業の経営者だったらどうするか」「この国のトップだったらどうするか」を考え、授業で発言しなくてはならない。

ハーバードの学生は年間約二五〇本、卒業までの二年間で約五〇〇本の事例を学ぶといわれている。そのうち必修科目で学ぶ日本の事例は次の六本だ（二〇一四年度必修科目、カッコ内は授業名）。

一学期目

トヨタ自動車（テクノロジーとオペレーションマネジメント）
楽天（リーダーシップと組織行動）
全日本空輸（マーケティング）

二学期目

本田技研工業（経営戦略）
日本航空（ファイナンス2）
アベノミクス（ビジネス・政府・国際経済）

このなかで何十年も教えられているのが、トヨタ自動車と本田技研工業のケースだ。この二つはハーバードで「普遍的な教材」としての地位を確立している。

一方、楽天、全日本空輸、日本航空、アベノミクスのケースは比較的最近、必修授業で取り上げられるようになったケースだ。とくに全日本空輸の事例は二〇一四年秋に導入されたばかりである。中国やインド関連の事例と比べて少ない感じもするが、その一つひとつが学生に与える影響は大きい。

なかでも楽天の社内英語公用語化のケースは、「必修科目で学ぶケースのなかで最も人気のある事例の一つ」といわれている。このケースは世界的なヒット教材となり、多くの経営大学院で使用されている。

「楽天の教材がこんなにも世界中で読まれているのは、学生も教員も、日本に興味があるからです」と教材を執筆したセダール・ニーリー准教授（Tsedal Neeley）は語る。

選択科目でも、日本の事例は人気を集めている。

その内容は、明治維新と岩崎弥太郎、トルーマン大統領の原爆投下、といった歴史的な事例から、日本のＩＴ企業であるグリーのアメリカ進出、「新幹線お掃除劇場」といった最新事例まで、じつに幅広い。

欧米のグローバル企業の事例が多くを占めるなか、日本の事例はどれも独創的。そのため「なぜか日本の事例は学生のお気に入りとなる」のだそうだ。

日本の事例を学んでいるのは一八〇〇人のＭＢＡ（経営学修士）プログラムの学生だけではない。エグゼクティブプログラム（ＡＭＰ）の経営者や管理職も学んでいる。その参加者数は年間約一万人以上。いずれも世界に名だたるグローバル企業から派遣されているエリートだ。同プログラムでオペレーションマネジメントを教えているアナンス・ラマン教授（Ananth Raman）はいう。

「トヨタの事例は、オペレーションを学ぶうえで絶対に欠かせません。私の授業は、必ずトヨタの事例から始まります」

トヨタだけではない。近年、このエグゼクティブプログラムで注目を集めているのが、福島第二原子力発電所の事例だ。アメリカでは福島第一原子力発電所の危機については報道されていても、福島第二原発についてはほとんど報道されていない。詳細については第5章で述べるが、この事例を授業で初めて知った参加者はただ驚き、有事の際の日本人の行動力を賞賛するばかりだったという。

重要なのは「いま、教えられているか」ということ

ハーバードのケースは、世界中の経営大学院で教材として使用されている。一ケースの値段は一コピー当たり日本円で一〇〇〇円程度。たとえば教員が一〇〇人の学生がいる授業で使用する場合は、約一〇万円をハーバードに支払わなくてはならない（筆者注：大量購入に

よる割引はある）。

ケースの売上部数は、年間約一二〇〇万部（二〇一四年度実績）。どのケースが世界で何万部売れたかというのは逐一集計されていて、教授陣にも報告される。需要のないケース、人気のないケースはどんどん淘汰《とうた》され、新しいケースに差し替えられる。

ハーバードの教授が日本企業についてのケースを執筆すると、「〇〇社がハーバードの教材になりました」「ハーバードの授業で取り上げられました」と日本で大きく報道されることもある。しかし、なかにはほとんど授業で使用されないままお蔵入りした、日本語に翻訳されたころには本家のハーバードではまったく使われなくなっていた、というケースがあるのも事実だ。

たとえば必修授業にしても、数年前まで日産自動車の再建のケースが使用されていたが、もう古くなったと判断されたのか、現在は使用されていない。

ハーバードの教授は全般的に「いま、教えているケースかどうか」をとても気にする。なかには「それはもう古いケースだから、話したくない」「そのケースはもう教えていないから、こちらのケースについて話したい」とはっきりいってくる教授もいた。

本書で紹介しているのは二〇一五年現在、ハーバードで教えられている日本および日本企業の事例であるが、そのいくつかは数年後には新しいケースに差し替えられているかもしれない。

数よりも質で勝負する日本の事例

「中国企業やインド企業に比べると、日本企業の事例は少ないように感じます」「こんなに人気があるのだから、もっと取り上げてもいいのに」と現地の日本人留学生は口々にいう。たしかに一九八〇年代に比べれば、日本企業の事例が授業で取り上げられる機会は減ってきている。

一九八〇年代、教員はこぞって『ジャパン アズ ナンバーワン』を読み、日本経済や日本企業の研究に勤しんだ。当時、ハーバードの学生だったフォレスト・ラインハート教授（Forest L. Reinhardt）は振り返る。

「経営大学院の授業にも、ファッションと同じように流行があります。私がハーバードの学生だった一九八〇年代中頃は、日本の事例ばかりを教えていました。『また日本のケースか』と思うほどの多さだったのです」

経済成長している国から学ぶ、というのは経営大学院の鉄則であり、成長国の事例を数多く研究するのも当然の成り行きなのだ。

一九八一年にハーバードで博士号を取得した青井《あおい》倫一《みちかず》教授（明治大学ビジネススクール グローバル・ビジネス研究科長）は次のように語る。

「ハーバードの教員は、アメリカの脅威になりそうな国や企業を徹底的に研究する傾向があります。研究テーマの発想の基本は『対アメリカ』です。一九八〇年代に日本の競争優位性を分析し、現在では中国を熱心に研究しているのはそのためです。もちろん主たる顧客ターゲットとして想定しているのはアメリカ企業です」

ハーバードの看板女性教授であるロザベス・モス・カンター教授（Rosabeth Moss Kanter）もいう。

「世界を変革するリーダーを育成する教育機関であるハーバード大学経営大学院には、アメリカの競争優位性を研究する専門のプロジェクトがあります。アメリカの政治的、経済的影響力は依然として大きく、アメリカがこれからも強国でありつづけるのかという問題は、世界の未来に大きな影響を与えるからです」

アメリカを軸に考えた場合、成長著しい中国やインドに目が向いてしまうのもわかるし、実際、そうした国の事例の数も増えてきている。しかし面白いのは、数多の欧米、中国、インドの事例よりも、日本の事例のほうが学生に強い印象を残すということだ。日本の事例は、数は少ないものの、「忘れられない事例」「私の人生に影響を与えた事例」として、一つひとつが学生や経営幹部から高く評価されているのである。

「世界はいま一度、日本から学ぶべき」

じつは近年、教員のあいだでも、日本を再評価する機運が高まっている。その大きなきっかけとなったのは、二〇一三年、ニティン・ノーリア学長（Nitin Nohria）が『ボストン・グローブ』紙に寄稿した記事だ。

「私が日本から学んだこと」と題した同記事では、「成田・ボストン間のＪＡＬの直行便の開通は、世界各国が世界第三の経済大国と再び深く結びつこうとしている象徴」としたうえで、次のように述べている。

私は日本経済を立て直そうとしている経営幹部、起業家、ビジネスリーダーと出会

い、「欧米諸国が日本から学ぶことは何もない、と考えるのは大きな間違いだ」と確信した。（中略）

「ソニーなどの日本企業は、かつては革新的だったが、いまや他国の競合企業の後塵を拝している」と世間では認識されているかもしれない。しかし、日本からはいまも、世界を席巻しそうな企業が密かに輩出しつつあるのだ。（中略）

経済は停滞していても、他国がうらやむほど国民の質が高いことに、私は感銘を受けた。多くの国々では経済的な格差が危機的に拡大しているにもかかわらず、日本国民の貧富の差は驚くほど小さい。日本社会は秩序と調和が保たれている。二〇一一年の東日本大震災からの復興をみれば、この国がたび重なる戦争や天災から立ち直ってきた国だということをあらためて実感する。（『ボストン・グローブ』二〇一三年二月二十六日付）

要は、世界はいま一度、日本から学ぶべきだといっているのである。

こうした流れを受け、二〇一四年三月下旬、一八人の教授陣が研修プログラムで来日することになった。これは全教授陣の一割近くにあたり、これほどの人数が日本企業を視察するためにいっせいに来日するのは、史上初めてのことだという。

一八人はそれぞれ研究テーマに沿ってさまざまな日本企業を訪問。JR東日本、三井物産、日本航空、KDDIといった大企業から、面白法人カヤック、キャンサースキャンといったベンチャー企業まで、精力的に取材した。この来日がきっかけとなり、日本についてのケースを執筆した教授もいる。このプログラムに参加した前出のセダール・ニーリー准教授はいう。

「ハーバードの教員のなかには、日本で働いたことがある人もいれば、教えたことがある人もいます。調査のために頻繁《ひんぱん》に日本を訪れている人もいます。そんな同僚たちは皆、口を揃えて『日本はなんて素敵な国なんだ』『日本の文化は素晴らしい』というのです。もっと日本のよさを世界の人に知ってもらいたいと思います」

不確実性の時代を生き抜くための指針

なぜハーバードで再び日本が注目されているのか。その一つの要因として考えられるのが、日本が「不確実性の時代を生きていくうえでの指針」を示してくれることだ。

日本関連の事例には、大きく分けて三つの種類がある。一つ目が、明治維新、戦後の経済成長など「日本が世界で初めて何かを成し遂げた事例」。二つ目が、英語公用語化、グローバル化、再建、環境経営など、どの企業でも直面しそうな「課題事例」。三つ目が、「新幹線お掃除劇場」など、いつの時代にも通用する「普遍的なリーダーシップの成功事例」だ。「日本が世界で初めて何かを成し遂げた事例」を学ぶのは、主にテクノロジー、オペレーション、歴史関連の科目だ。

とくにいま、全般的に人気を集めているのが歴史の授業。なぜビジネスを学ぶ場である経営大学院で、歴史を学びたいと思うのか。同校の経営史部門長、ジェフリー・ジョーンズ教授（Geoffrey G. Jones）はこう分析する。

「私が思うにその理由は、これから何が起こるのか、世界はどこへ向かっているのか、何をやればよいのか、誰もわからないからだと思います。インターネットの出現、中国の経済成長、気候変動……。現代は新しいことが次々と起こる時代です。一方でまったく先のみえない時代であることも事実です。不確実性の時代を生きている経営大学院の学生は、何か『確実なもの』を探していて、その一つが歴史だということです」

一九八〇年代、ハーバードの学生は日本企業が成功モデルだと信じて疑わなかった。ところが一九九〇年代にバブルが崩壊。日本モデルがうまく機能しないことがわかった。次にモデルとなったのがシリコンバレーの企業だ。一九九〇年代後半、ドットコムブーム（ＩＴバブル）が起き、株価は急上昇。「これこそ成功モデルだ」といってこぞって事例を学んだが、その後、株価が暴落。ＩＴバブルはあえなく終焉《しゅうえん》した。二〇〇〇年代に入るとアメリカでさまざまな金融不祥事が発覚。逮捕された人のなかには、ハーバードの卒業生もいた。

アメリカ型資本主義は正しいのか、市場原理主義、株主至上主義は何かが間違っている、とハーバードのエリートも考えるようになった。

ところが、そう思いながら世界を見渡してみても、成功モデルがみつからない。現在、世界で最も経済成長を遂げているのは中国だが、人権や社会体制に問題を抱える中国が、アメリカのモデルになるとは思えない。

そこで、歴史を学ぼう、というわけである。ビジネスの歴史を遡れば、当然、日本が注目されることになる。倫理を教えるニエンハ・シェ准教授（Nien-he Hsieh）はいう。

「もちろん世界にはほかにも長い歴史をもつ国があります。でも考えてみてください。世界最古の会社はどの国にありますか。日本です（筆者注：金剛組、五七八年創業）。日本の企業史は世界で最も長いのです。これほどビジネスの歴史を学ぶのに適した国はありません。アメリカ式ビジネスが永遠に主流であるとは限りません。ビジネスには盛衰があります。歴史から学ばないと、未来に対応できない。そのために日本の歴史が世界に教えられることはたくさんあると思います」

しかも日本の社会は、世界でも類をみないほど平和で安定している。金融史を教えるデビッド・モス教授（David A. Moss）はいう。

「日本はとてつもない力を秘めた国です。政治システムも安定しています。経済状態が悪くなっても、暴力的な事件や、暴動が起きるわけでもありません。日本がいかに平和で安定しているかというのは、経済問題を抱える他国と比較してみればよくわかります。日本は『平和で安定した国家をつくる』という偉業に成功した国なのです」

偉業に成功した国から、明日何が起こるかわからない時代を生き抜く指針を見出そうとしているのである。

人口問題、経済停滞……日本は世界の未来だ

前出のフォレスト・ラインハート教授が日本を研究しつづけているのは、「日本が世界の未来だからだ」という。

日本が世界の未来を先取りしているのが人口問題だ。日本は先進国のなかで最も人口の高齢化が進んでいる国であり、アメリカ、イタリア、ドイツ、フランスよりもずっと早く超高齢社会を迎える。

このまま移民を受け入れないでいくのか、高齢者がもっと働けるような仕組みをつくるのか、あるいはもっと資本所得（利子や配当などの所得）を得られる仕組みをつくるのか。日本が少子高齢化の問題にどう対処していくのか、世界は注目しているのだ。

前出のロザベス・モス・カンター教授は「高齢化社会であることはイノベーションを生み出しやすいという利点がある」と、少子高齢化は負の側面ばかりでないことを強調する。少ない若者が、多くの高齢者を養うには、何らかの技術革新や知恵が必要であり、それを考えることが日本のイノベーションを促進するのではないかと期待しているのだ。

環境問題についても日本は課題先進国だ。地球温暖化が進めば、小さな島国に一億二〇〇〇万人を超える人々が住んでいる日本はとくに甚大な被害を被ることとなる。オイルショックを経験した日本人は、エネルギー効率についても敏感だ。戦後、公害問題に対処してきた歴史もある。

そのため日本の経営者は、欧米の経営者よりも環境意識が高い傾向にあり、トヨタ自動車のハイブリッドカー、プリウスの開発事例や、リコーの環境経営などがハーバードの授業でも取り上げられている。

グローバル化の問題を取り扱った事例も多くある。日本は戦後、アジアの国々のなかで最も経済成長を遂げた国であり、最初に欧米市場に進出していった国でもある。そのため成功事例、失敗事例を含めて、日本企業の海外進出を扱った事例は枚挙に暇《いとま》がない。

最近では「コマツの中国事業」「東風日産の自動車、ヴェヌーシア」「楽天の社内英語公用語化」などが教材となっている。これらは企業の国籍にかかわらず、グローバル化を進めるすべての企業の参考となる。

最後に、日本経済はハーバードでも関心の的だ。

日本の経済成長は異例なことばかりだ。戦後の急速な成長も異例なら、二十年以上にわたる経済停滞も異例。金融政策の歴史やアベノミクスについての教材が次々に執筆されている。現在、成長中の新興国が経済停滞を迎えたとき、参考にするのは、いまの日本がどのようにこの問題を解決したかだろう。

日本は高度に発達した文明社会であるがゆえに、世界のさまざまな問題を先取りしている。そこに日本から学ぶ意味がある、ということなのだ。

豪快で存在感のある日本人経営者

ハーバードの授業では、日本人経営者からリーダーシップを学ぶこともある。とくに日本企業の偉大な創業者たちは、圧倒的な存在感を示しているという。

リーダーシップを学ぶためには、経営者が「どんな人だったか」を知る必要がある。教材や授業で、経営者の人間性を象徴するような逸話が披露されることがあるが、なかでも日本人経営者の豪快さは抜きん出ている。

たとえば必修授業「経営戦略」で使われる「ホンダ（B）」という教材では、冒頭、本田宗一郎の人物像が紹介されている。そのなかで便所の肥溜《こえだ》めに裸で入った話、芸者好きだった話などが紹介されているのだ。教授が授業で詳しく左記のような話をするかは別として、際立った人物像が強調されているのは確かだ。

あるとき外人のお客さんが来て二人で飲んだ。ぼくのほうが強くて、奴《やっこ》さん一人で寝ちゃって夜中にゲロ吐いた。女中がそれを洗面器に受けて便所にこぼしちゃったんですね。翌朝、外人が入れ歯がないって大騒ぎ。（中略）そこで裸になって入って、そおっと探ったら、カチッと手に当たった。きれいに洗って消毒して、ぼくの口にあててみて、大丈夫、臭いもしないよと、もう一度洗って外人に渡してやった。

（『やりたいことをやれ』本田宗一郎著、PHP研究所）

だが芸者相手にいま考えるとぞっとするようなたいへんなことを仕出かしたこともある。浜松では毎年五月に「たこ祭り」が行なわれるが、そのお祭りの日に私は友人と二人で料理屋で芸者相手に飲めや歌えの大騒ぎをしたことがある。芸者もこっちも相当酔っぱらっていたが、そのうちに芸者がちょっとなまいきなことを言った。われわれ二人はそれをとがめて「このなまいきやろう」と芸者を料亭の二階から外へほうり投げてしまった。その瞬間、パッと火花が飛んだ。

（『本田宗一郎 夢を力に 私の履歴書』本田宗一郎著、日経ビジネス人文庫）

さて、このような逸話を聞いたハーバードの学生は、どのように反応したのだろうか。前出の向山さんによれば、授業ではこんな発言が出たという。

「豪快なキャラクターを演じているようにみせながらも、じつは裏では緻密に計算された合理的な行動をとっていたのではないか」

「本田宗一郎の放蕩ぶりは、しっかり者の番頭、藤澤武夫がいたからこそ成り立つものだ」

さすがハーバードの学生といったところだが、総じて「こんな日本人経営者がいたのか」と驚く学生が多かったという。日本人といえば勤勉で真面目、というのが一般的な認識だからだ。

岩崎弥太郎について書かれた教材「岩崎弥太郎：三菱の創業」にも、「芸者好き」であったことが、これまたさらりと書かれている。「長崎の花街で藩のお金を芸者に使い込んだ話」「花柳《かりゅう》界での接待で政財界と深く関わった話」などが、逸話として盛り込まれている。

教材を執筆したジェフリー・ジョーンズ教授は、岩崎弥太郎そのものを教材にした理由を次のように話す。

「岩崎弥太郎がこの時代、最も成功したビジネスリーダーだったからです。そのうえ、生き方もユニークで性格も豪快。非常に魅力的なキャラクターです」

ハーバードの授業では、次々に素晴らしい経営者の事例が紹介されるが、人間味溢れる強烈なキャラクターが登場するのは稀なこと。欧米の経営者は、〝面白エピソード〟を自重する傾向にあるからだ。

もちろん、こうした話は授業の本丸ではない。授業では、日本人経営者がゼロからどのように組織をつくり、人を育てたかという点を、歴史的な背景とともに学ぶのである。

じつはすごい日本人のリーダーシップ

「日本にはリーダーが不足している」

「日本企業の社員は一流、経営者は三流」

日本国内では、よくいわれることだ。世界的なエグゼクティブサーチ会社、エゴンゼンダーの調査によれば、「世界的に『最優秀』にランクされる人材は約28万人だが、そこに占める日本人の割合はわずか0・6％にすぎない」（『日経産業新聞』二〇一三年七月十八日付）という。

こうした経営人材不足は、日本人の英語力と日本企業の経営者育成システムに起因している、といわれている。実際、日産自動車や武田薬品工業のように外国人をトップに迎える日本企業が増えているのも事実だ。

しかし、そんなに日本人はリーダーシップの側面で欧米に後れをとっているのだろうか。ほんとうに日本人には、リーダーの資質が不足しているだろうか。

取材をしてみると、「リーダーとしての資質は十分にあるのだが、それを磨く場がない」、あるいは「英語力があまりに強く問われるため、リーダーとしての資質そのものが過小評価されている」という現実もみえてくる。

実際、ハーバードの教授に日本の強みを聞いてみると、「日本人のリーダーシップ」を挙げる人が多い。とくに戦後の経済成長を牽引した豊田喜一郎、本田宗一郎、盛田昭夫、松下幸之助といった経営者を絶賛しているのである。もちろん、さまざまな教材のなかにも何度も登場する。

ハーバードで二十年以上、オペレーションを教えるアナンス・ラマン教授は語る。

「『戦後、日本が復興するためには、製造業で頑張るしか選択肢がなかった』と説明する人もいますが、私は、日本が経済成長を遂げたのは、『清廉で謙虚なリーダーがいて、彼らが正しい価値観で、社員を正しく導いたからだ』と思います」

詳しくは第1章で述べるが、ラマン教授は、トヨタが世界的な企業に成長した要因の一つとして、歴代の経営者のリーダーシップが優れていたことを挙げている。

日本人であれば自然に身についている、清廉さ、謙虚さ、勤勉さは、優れたリーダーになるための重要な要素だ。戦後の創業者たちは、若いころから経営の経験を積まざるをえなかった。本田宗一郎が独立したのは二十一歳、盛田昭夫が東京通信工業（ソニーの前身）を設立したのは二十五歳のときである。もともともっていた素養に経営経験が加わり、最高の経営人材に育った、というわけだ。

近年、ハーバードが注目しているのは、日本企業の現場で活躍するリーダーだ。震災時、福島第二原子力発電所で陣頭指揮をとった増田尚宏所長（当時）や、「新幹線お掃除劇場」の立役者となった矢部輝夫部長（当時）の事例が、ハーバードで学ぶ学生や経営幹部の心をとらえている。その反響は想像以上に大きく、いま、多くの教授が「教えたい」と名乗り出ているのが、日本人リーダーの物語なのだ。

授業では「彼らが日本人だったから、このような素晴らしいリーダーシップをとることができた」とは教えない。その代わりに、彼らが示した普遍的な倫理観、価値観、行動力、分析力などを教えるのだ。

日本には素晴らしいリーダーがたくさんいるのだが、英語に翻訳されている情報があまりにも少ない。とくに現場のリーダーの話は、海外メディアで報道されないかぎり、知る機会もない。

世界に伝えるべき日本人リーダーは山ほどいるのに、何とももったいないことである。

ハーバードの授業から日本の真価がみえてくる

「ハーバードで学んでいると、日本で働いていたときよりも、『日本はすごい国なんだ』と感じます。日本の価値を再発見する毎日です」

と杉本さんは話す。

まるまる八十分、日本企業について議論する授業は少なくなってきたとはいえ、欧米企業の「競合相手」として日本企業が登場するケースは数多くある。

「日本企業が台頭したから、アメリカ企業が衰退した、というケースはたくさんありますし、日本の戦後の復興や経済成長は『偉業』だと紹介されます。リーダーシップの授業で『謙遜の精神』がリーダーとなるための必要な要素だと聞けば、日本人にはそれが自然に身についていることに気づきます。ハーバードで学んで、日本はこんなにすごい国だったのかと実感しています」

杉本さんは続ける。

「お金で人を動かすには限界がある、というのをハーバードでは大真面目に学ぶのです。しかし、社員の自律性や責任感を育てる日本企業では、それは当たり前のこと。日本の企業文化は、じつは欧米の先を行っているのではないかと感じることもあります」

同じく向山さんはいう。

「先日、投資マネジメントの授業でアメリカの資産運用会社の事例が取り上げられましたが、その雇用形態は終身雇用制に近いもので、それが一つの成功の要因となっていました。日本にいると欧米がすべて先進的なことをやっているかのように思いますが、じつは伝統的な日本の企業文化のほうが進んでいることもあるのではないか、と思います」

筆者も取材中、杉本さんや向山さんと同じように「日本は欧米よりも先を行っているのではないか」という感覚を何度も覚えた。リーダーシップの授業で教えていることと、日本の「武士道」とは驚くほど共通点が多い。たしかにどの国よりも歴史の古い日本は、自国にとって最もよいものを残してきたのだから、欧米よりも先進的であるのも、当然といえば当然かもしれない。

日本のなかで暮らしていると、日本の価値はなかなかみえづらい。

ハーバードは日本から何を学ぼうとしているのか。それを解き明かせば、日本のほんとうの価値がみえてくるはずである。

次章からはどのような日本の事例が人気を集めているのかを、オペレーション、歴史、政治・経済、戦略・マーケティング、リーダーシップなどの科目別にお伝えしていこう。

第1章

オペレーション
世界が絶賛した奇跡のマネジメント

「新幹線お掃除劇場」は日本の誇りだ

ハーバードを席巻するテッセイ

「テッセイのケースは今キャンパスですごく人気です。ＭＢＡでも企業幹部向けのコースでも使われています。私自身はまだ教えたことがありませんが、大変評判です。複数の教授がこのケースを使って教えたいと言っています」（「日経ビジネスオンライン」二〇一五年七月七日付）

というのは、ハーバードの渉外担当を務めるルイス・ビセイラ教授（Luis M. Viceira）。冒頭でも述べたが、いま、テッセイの事例が、ハーバードを席巻している。この事例を選択科目「サービスオペレーションのマネジメント」で教えるライアン・ビュエル助教授（Ryan W. Buell）は、興奮気味に語る。

「テッセイのケースを第一講で取り上げたところ、反響がものすごく、テッセイが学生たちを魔法にかけたのか、と思うほどでした。その後、学生たちは、他の事例を扱った授業でも『テッセイから学んだこと』を繰り返し発言しました。エグゼクティブプログラムでも同じような反響です。とにかくテッセイは人々を感動させるすごい事例になっています」

華やかな衣装に身をつつんだ従業員が、わずか七分という時間で新幹線の全車両とトイレの清掃を終わらせる。この光景はまるで劇場のパフォーマンスのようだ、ということから、海外メディアでは「新幹線劇場」「新幹線お掃除劇場」（Shinkansen Cleaning Theatre）と紹介されている。

新幹線が東京駅に到着してから、出発するまでの時間はおよそ十二分。乗り降りの時間を引くと、清掃できる時間はわずか七分しかない。

一チーム二二人で、通常一一チームが稼働。一チーム当たり一日二〇本もの新幹線清掃を担当しなくてはならない。

普通車の場合は、一人一車両の清掃を受け持つ。ゴミ拾い、座席の転回、窓やテーブルの拭き掃除、床の掃き掃除、背もたれカバーの交換、荷棚の忘れ物チェックまでを、すべて一人でこなす。グリーン車、グランクラス、トイレはチームで清掃を行うが、こちらも拭き掃除まで完璧に行っているのは驚きだ。東北・上越・北陸・山形・秋田、すべての新幹線の車内を熟知し、七分間で清掃を終えるというのは、誰の目からみても奇跡だ。

七分という早さだけではない。世界から賞賛されたのは、従業員の美しい所作《しょさ》だ。一列に並んで礼をして、乗客を送り出す模様は、いまも多くの海外のテレビ番組や動画サイトで紹介されている。

なぜ二人の助教授は心を動かされたのか

テッセイの事例をハーバードの教材として執筆したのが、イーサン・バーンスタイン助教授とライアン・ビュエル助教授だ。

バーンスタイン助教授は同志社大学で学び、ボストンコンサルティンググループ（BCG）東京オフィスで働いた経験もある知日派。これまで数多くの日本企業を研究してきた。専門はリーダーシップと組織行動だ。一方、ビュエル助教授の専門は、テクノロジーとオペレーションマネジメント。ホテルやスーパーマーケットなどのサービスオペレーションを研究している。

執筆のきっかけとなったのは「はじめに」でも述べたように、バーンスタイン助教授が二

イーサン・バーンスタイン助教授（後方中央）と矢部輝夫氏（いちばん右）。テッセイにて撮影（バーンスタイン助教授提供）

〇一四年にハーバードの教員研修プログラムで来日したことだった。その際、いくつかの日本企業を取材したのだが、とくに印象に残ったのがテッセイだった。

「『新幹線お掃除劇場』の立役者である矢部輝夫さん、テッセイの従業員の方々にインタビューさせていただき、実際に『七分間の奇跡』もみせてもらいました。そのなかで、従業員の皆さんが非常に複雑な作業を短い時間でこなしていることに、ただ驚くばかりでした。清掃なんて簡単な作業だろうと思いがちですが、そうではありません。矢部さんと従業員の方々の偉業をハーバードの学生たちに伝えたい、と思ったのです」

　バーンスタイン助教授は、この事例は、リーダーシップだけではなくオペレーションの教材にもなると思った。そこで、同僚のビュエル助教授に声をかけたのだ。

「テッセイの感動的なストーリーを聞いて、バーンスタイン助教授と力を合わせれば、素晴らしい教材にできると思いました。この事例を世界中から来ている学生や経営幹部に伝えたい。矢部さんの経験から学んでほしい、と考えたのです」

とビュエル助教授はいう。

こうした二人の助教授の熱意によってできあがったのが、「テッセイのトラブル」という教材である。

従業員から次々に出された現場の改善案

「新幹線お掃除劇場」が誕生したのは、二〇〇五年、矢部輝夫さんがテッセイ（当時、鉄道整備株式会社）の取締役経営企画部長に就任したことがきっかけだ。それまで安全対策の専門家としてJR東日本の要職を歴任してきた矢部さんが、まったく畑違いの清掃会社の役員に就任することになったのである。

テッセイは当時、JR東日本のなかでもそれほど評判のよい会社ではなかった。乗客からのクレームも多く、離職率も高い。ほんとうにトラブルだらけの会社だったのである。役員就任を告げられたとき、

「あんなところに行くのか……」

と矢部さん本人も思うほどだった。

通常、どの会社でも本社から来た役員は、「本社のいうとおりにつつがなく仕事をする」というのがお決まりのパターンだ。しかし矢部さんは、すぐに気持ちを切り替え、「どうせ行くなら、楽しい会社にしたい」と思うことにした。なぜなら矢部さんにとってテッセイは、鉄道マンとしての人生の最後を締めくくる場になるからだ。就任初日からテッセイの大改革が始まった。

矢部さんが最初に行ったのは、現場を徹底的にみて回ることだった。それまで役員が現場に来ることなどなかったため、新幹線の清掃現場に現れた矢部さんをみて従業員はビックリしたそうだ。

矢部さんが気づいたのは、従業員のあいだに「自分たちはしょせん清掃スタッフ」という意識が蔓延していたことだった。清掃自体には非常に真面目に取り組んでいる。しかし、

るように思えた。

「いわれたことをそのとおりやってもらう」という会社の管理体制が、やる気を失わせてい

「当然、従業員には不満やストレスがたまっていきます。結果的に、ミスが多く、クレームも多くなりますので、決して評判が良かったわけではありません。『このままではダメだ。ガラリと変えなければならない』と感じました」(「日経BPネット」二〇一四年二月十七日付)

矢部さんがJR東日本時代、安全システムの専門家として学んだのは、「マニュアルどおりやるだけでは事故はなくならない」ということだ。

「安全と密接な関係を持つ人間の心理を30年以上追求してきた身として、TESSEIに必要なのも同じく、何よりも人間のやる気を高めることだと思いました。怒って改善できるものなら、私だって怒って命令してやらせます。しかし、30年の私の経験では、ただ怒っても人間のミスは治らないのです」(「日経BPネット」同)

矢部さんが行ったのは、新幹線の清掃という仕事の価値を「再定義」すること。次のような言葉を何度も従業員に投げかけたという。

「失礼だがみなさんは、社会の川上から流れ着いて今、テッセイという川下にいる。でも、川下と卑下しないでほしい。みなさんがお掃除をしないと新幹線は動けないのです。

だから、みなさんは、お掃除のおばちゃん、おじちゃんじゃない。世界最高の技術を誇るJR東日本の新幹線のメンテナンスを、清掃という面から支える技術者なんだ」

（『奇跡の職場　新幹線清掃チームの〝働く誇り〟』矢部輝夫著、あさ出版）

すぐには変わらなかったが、言い続けているうちに、従業員が少しずつ変わりはじめていくのがわかった。

それだけではない。

矢部さんは、自ら現場の一員となり、現場の問題を率先して解決する役目を引き受けた。従業員の不満や提案を、〝価値のある助言〟として聞き入れたのだ。現場と経営陣とのあいだの距離が遠いというのが、この会社の根源的な問題だと感じていたからである。

待機所に石鹸がない、エアコンがない、といったことに一つひとつ対応し、信頼を勝ち得ていった。これまでどれだけいっても実現してもらえなかったことが、目の前で改善されていくのをみて、従業員は驚きを隠せなかった。

「自分が提案したことを矢部さんは実現してくれる」

従業員たちは次々と、改善案を提案するようになった。清掃パフォーマンスをさらに効率的にするにはどうしたらいいか。どんな清掃用具がいいか。ホームにいる乗客に、清掃を目で楽しんでもらうにはどうしたらいいか。浴衣《ゆかた》、アロハシャツ、帽子、整列して一礼、などはすべて現場からのアイデアだ。

こうした提案を次々に実現していくうちに、いつしか多くのメディアが注目するようになった。とくにこぞって特集を組んだのは海外メディアだ。CNN、BBCなど世界中のメディアで紹介された。その後、東京都が制作した英語版ビデオ「七分間の奇跡」は、再生回数五〇〇〇万回を突破している（二〇一五年十二月現在）。

なぜこれほどまでに注目を集めたのか。七分で一人一車両を完璧に掃除する、という奇跡的なオペレーションが目でみて面白い、ということはもちろんある。しかし、それ以上に、働いている従業員が皆、誇りとやりがいをもって仕事をしていることが、欧米人にとっては信じられないことなのだ。

階級社会が色濃く残る欧米で、清掃の仕事にやる気満々で取り組んでいる人はほとんどいないといってもいいだろう。仕事で時折訪れるアメリカで、彼らの作業ぶりをみていると、「もっと時給のよい仕事はないか」と考えながら仕方なくやっている、という感じがみてとれる。ましてや「もっと早く、綺麗に清掃するにはどうしたらいいか」などとは考えないはずだ。

ところがテッセイの従業員は皆、情熱をもって仕事をしている。それはお金のためというよりは、「人のために役立っているのが楽しい」と感じているからである。3K（きつい、汚い、危険）と呼ばれ、一般的には敬遠されるような職場で、やりがいをもって仕事をしている。それこそがまさに「奇跡」なのだ。

一二ページの付表に込められた思いとは

バーンスタイン助教授とビュエル助教授が執筆した教材「テッセイのトラブル」は、非常にユニークな構成となっている。ハーバードのケースは本文の部分が一〇〜二〇ページ、図表が一〇〜二〇ページ、というのが一般的なパターンだ。

ところが、テッセイのケースの本文は、四ページしかない。そこに、一二ページもの付表と補足資料がついている。

本文で説明されているのは、二〇〇五年、テッセイの役員に就任したばかりの矢部さんが置かれていた状況だ。乗客からの評判も悪く、従業員たちの意識は低い。上下関係が厳しく、ミスをすると怒鳴られるような、ギスギスした職場だった。

あなたがもし、このような問題山積みの会社に異動したとしたらどうしますか、というのが論点だ。

本文は淡々と事実が書かれているが、二人の助教授の気持ちが最も表れているのが、付表のほうだ。とくに目を引くのが、従業員のインタビューコメントとテッセイに就職する前の略歴が、匿名で詳細に記載されていることである。

矢部さんが就任する前のテッセイについては、次のようなコメントが掲載されている。

子ども連れの母親にこんなことをいわれたことがありました。「親のいうことを聞かないと、あんな人になるのよ」。

私の両親は私がどこで働いているかを他人にはいいませんでした。娘が清掃会社で働いているのは恥ずかしいことだ、と考えていたからです。

(Ethan Bernstein and Ryan Buell. "Trouble at TESSEI". Harvard Business School Teaching Note 616-031, October 2015. 〈Revised December 2015.〉)

バーンスタイン助教授はいう。

「インタビューで聞いた話があまりに強烈だったので、そのまま紹介したのです。こんな報われない仕事をしている人たちをどうやってやる気にさせるのか。それとも、やる気になってもらうことをあきらめて、離職率が高くても何とかやっていく方法を考えるのか。そこを考えてもらいたかったのです」

もう一つ記載されているのが、従業員の略歴だ。五十代の方が中心で、中学校や高校を卒業後、さまざまな職場を転々としている方が多いのに気づく。バーンスタイン助教授は続ける。

「学生たちに従業員の方々がどのような人生を経て、テッセイで働くことになったのか知ってほしかったのです。卒業後、学生たちはさまざまな人々の上司となることになります。やりがいをもって働いてもらうには、部下一人ひとりを理解する必要があることを学んでほしいと思いました」

ビュエル助教授は付け加える。

「管理職にとって部下を理解するのは不可欠なことです。テッセイの事例から学んでほしいのは、優れたオペレーションの過程だけではなく、その過程を可能にしているのは〝人間〟

だということです」

いまや世界標準は「現場型」リーダーシップだ

二人が注目したのは、矢部さんが現場の人々を理解するために、自分から現場に溶け込んでいったことだ。矢部さんは自席を東京駅のプラットフォームの下に設け、足繁く現場をみて回った。こうしたリーダーシップは、いま世界のトレンドになりつつある。バーンスタイン助教授はいう。

「私の理解では、上司が部下を管理し、部下はいわれたことを実施する時代は終わりつつあると思います。いまは『上司と部下がともにアイデアを出し合い、実施する』時代です」

ビュエル助教授が続ける。

「じつは矢部さんがとった『自ら現場へ溶け込んでいくリーダーシップ』は、世界的なサービス企業では標準になりつつあるのです。現場で働いている人と戦略的な決断を下す管理職が近くにいて連携することは、非常に大切なことだからです」

ハーバードで教材として取り上げられている現場型リーダーとしては、アパレルのネット販売大手、ザッポス・ドットコムのCEO、トニー・シェイ氏の例がある。シェイ氏のリーダーシップをみてみると、矢部さんのそれと非常に似ていることに驚く。

ザッポスは一九九九年の創業後、階層のない企業文化で急激な成長を遂げ、米『フォーチュン』誌の「最も働きがいのある会社ベスト100」の常連となった。二〇〇九年にアマゾン・ドットコムに約一二億ドル（当時の為替レートで約一〇七〇億円）で買収され、現在はアマゾン傘下だが、運営形態や企業文化はそのまま維持している。

シェイ氏もまた現場に溶け込むリーダーだ。自席は一般社員と同じ大きさで、普通に一般社員の横に座っている。二〇一三年には役職そのものを完全撤廃する「ホラクラシー」という人事制度を導入。現在は社員全員が担当事業の責任者（＝社長）となり、意思決定も決済もすべて一人で行っている。

『ウォールストリート・ジャーナル』によれば、二〇一五年五月現在、約二四〇の企業がホラクラシーの制度を導入しているという[1]。クリエイティブ系の会社では、大きな社長室や大勢の社長秘書というのは、時代遅れなのだ。

ハーバードで取り上げる事例が時代によって変化することはすでに述べた。テッセイの事例がここまで注目されているのも、ザッポスなど最先端企業が「現場型」を導入しているという流れがあるからだ。

さらに、理想とするリーダー像も変化している。たとえばバーンスタイン助教授がハーバードに入学した二〇〇〇年当時は「資源のコントロール、適切な報酬の付与、株主利益の最適化の三つが、ビジネスのマネジメントのすべてだ」と考える人も多かったという。

ところが二〇〇〇年代前半、金融不祥事でハーバードの卒業生が次々に逮捕されたとき、「いったい、ハーバードはどんな教育を行ってきたのか」と批判された。以来、金銭至上主義が見直され、人間を大切にするリーダーが数多く取り上げられるようになった。

テッセイの人気を機に、今後、現場で活躍する日本人リーダーがさらに注目されていくにちがいない。

授業後に殺到する学生たちのコメント

テッセイの事例をもとに授業で議論するのは、「あなたが矢部さんだったら、まず何をするか」だ。「新幹線お掃除劇場」について知らない学生も多いので、当然のことながら、実際に矢部さんが何をやったか、その結果、テッセイがどれだけ激変したかを知る学生は少ない。すると、これも当然のことながら、「報酬制度を改革する」「作業プロセスを変える」「パート社員を増やす」といった、ハーバードの学生らしい現実的な意見も出てくる。

授業終盤に結果を「サプライズ」として発表すると、想像もしなかった結果に愕然《がくぜん》とするのだという。

「最初は『清掃の会社の事例なんか自分たちには関係ない。清掃会社から何が学べるというのだろう』という感じだった学生や経営幹部たちが、授業の終盤には、『これは自分たちも参考にすべき普遍的な事例だ』ということに気づき、テッセイを賞賛する。その変化には教えている私も驚くばかりです」

とビュエル助教授。

現在、この事例は、MBAプログラムの選択科目「サービスオペレーションのマネジメント」、エグゼクティブプログラム、学部生のリーダーシップセミナーなどで活用されているが、教えるたびに二人の助教授のもとには受講者からのコメントが殺到するのだという。

「よりよいリーダーになるにはどうしたらいいか、真剣に考えさせられたケーススタディでした。リーダーについての常識を変えてくれたこの事例を忘れません」

「予想もしなかった解決方法にただただ驚くばかりでした。この事例がどれだけ私に影響を与えたか、計り知れません」

「こんなリーダーシップがあるなんて、思いもよりませんでした。大きな学びを得ることができました」

二〇一六年はさらに多くの授業で取り上げられる予定だというから、テッセイ旋風はしばらく続くことだろう。

なぜトヨタは圧倒的に強いのか

ハーバードの教授が熱弁した〝トヨタ愛〟

ハーバードの必修授業で何十年も「定番」として教えられている日本企業、それがトヨタ自動車（以下、トヨタ）だ。

ハーバードの学生は、一年目の必修科目「テクノロジーとオペレーションマネジメント」

でトヨタの事例を学ぶ。グローバル企業の経営者や管理職を対象としたエグゼクティブプログラムでも、真っ先に学ぶのがトヨタの事例だ。

ハーバードで二十年以上、オペレーションを教える前出のアナンス・ラマン教授は「私はトヨタの大ファンだ」と公言してはばからない。

「オペレーションの存在目的は、『普通の人々が力を合わせて大きな偉業を成し遂げること』です。トヨタほど、それを伝えるのに適した会社はありません」

インドの小さな町で生まれ育ち、インドの靴工場で働いていたラマン教授にとって、トヨタは模範であり、憧れの存在だった。トヨタについての質問を投げかけたとたん、自身とトヨタとの出会いから、ハーバードの教員としてトヨタを研究するに至るまでの経緯を語ってくれた。

私の個人的な体験からお話ししたいと思います。トヨタは私にとって特別な会社なのです。一九八〇年代のことです。アメリカのペンシルバニア大学ウォートンスクールの博士課程に進学する前、私はインドのユニリーバの子会社で働いていました。私の仕事は、管理職として靴工場の生産管理をすることでした。

あるとき、会社の経営陣が「我が社も『日本式生産方法』(Japanese Manufacturing)を取り入れるぞ」と言い出しました。「日本式生産方法」とは、トヨタの「ジャスト・イン・タイム」(必要なものを、必要なだけ、必要なときに製造する生産方式)のことです。当時、インドでは、そのように呼ばれていました。

さて、その後どうなったか。日本式生産方法の専門家と称するコンサルタントが会社に招かれ、何人かの担当者が代表で、コンサルタントが主催する「日本式生産方法のセミナー」に参加することになりました。

セミナーが終わると、靴工場でも日本式生産方法が導入されることになりました。担当者は「これから、この工場も〝日本式〟でいきます。さあ皆さん、トヨタと同じように作業服を着て、作業がはかどるように音楽をかけて、決まった時間に体操をしましょう」と張り切っていました。つまりトヨタのオペレーションをそっくりマネすることになったわけです。

ところがその後、みた目はトヨタ風になったのに靴工場の生産性は全然上がりませんでした。

ラマン教授はずっと、インドの靴工場が〝トヨタの工場〟になれなかった理由が気になっていた。アメリカに留学して、オペレーションを研究することにしたのも、それを解明したいと思ったからだ。

ウォートンスクールの博士課程を終えて、一九九〇年代前半にハーバードの教員になったときに、真っ先に研究したいと思ったのはトヨタでした。ケンタッキー州にあるトヨタの工場を初めて訪れたときの衝撃はいまでも忘れません。インドの靴工場との違いに「何だこれは！」と叫びそうになったほどです。

トヨタがハーバードの教員である私に、つつみ隠さず生産の過程をみせてくれたことに、私は驚きを隠せませんでした。しかもビデオで撮影してもいい、というのです。

工場には「アンドン」と呼ばれる異常掲示盤のシステムが設置されていました。作業者がコードを引っ張って異常を知らせる仕組みです。ジャスト・イン・タイムに基づいた、組立ラインでの作業もすべてみることができました。

そこで私は思わずアメリカ人のマネジャーにこんな質問をしてしまいました。

「私がこの工場を見学しているのは、ハーバードの教材を書くためであることをご存じですか。トヨタの生産方式の秘密をすべて書いてしまいますよ。そうなれば他のメーカーもマネしますよ。トヨタは見学者にみえないように三〇フィート（約九メートル）くらいの壁をつくったほうがいいんじゃないですか」

するとし、彼はこういいました。

「外側をマネできても、マインド（考え方）はなかなかマネできません。トヨタの社員と同じマインドをもたなければ、同じような結果は出せないのです」

その瞬間、ようやく、私が働いていたインドの靴工場がトヨタになれなかった理由がわかりました。つまり作業服、体操、作業用の音楽、アンドン、アンドンコードなど表面的なことを模倣するだけではダメだったのです。マインドからトヨタ式に変えなければならなかったのです。


若き日のラマン教授に、オペレーションの真髄は〝社員のマインド〟にあることを教えてくれたのが、トヨタだったのだ。

オペレーションの教科書として君臨するトヨタ

オペレーションの授業でまず学ぶのがトヨタの生産方式だ。

教材となっているのは、アメリカのケンタッキー工場を取材した「トヨタ　モーター　マニュファクチャリング　USA」というケースである。

一九九〇年代に出版された教材だが、世界中の経営大学院で長らくオペレーションの教科書として使用されている。

トヨタの生産方式は、「自働化」と「ジャスト・イン・タイム」という二つの考え方を柱としている。ムダを徹底的に排除し、合理性をとことんまで追い求め、システム化されているのが特徴だ。

自働化とは、「異常が発生したら機械をただちに停止させ、不良品をつくらない」という考え方。そのために設けられたのが、「アンドン」と呼ばれる異常掲示盤だ。作業が遅れたり、異常をみつけたりしたときは、アンドンコードと呼ばれる「ひもスイッチ」を引っ張って、応援を呼ぶ。

スイッチを引っ張ると「アンドン」に電気がつき、それをみたチームリーダーが手伝いに来てくれる仕組みだ。

ジャスト・イン・タイムとは、前述したように「必要なものを、必要なだけ、必要なときに製造する」という考え方。生産現場の「ムリ・ムダ・ムラ」を徹底的になくし、よいものだけを効率よくつくることをモットーとしている。

組立ラインは、使用した部品を使用したぶんだけ、その部品をつくる工程（前工程）に引き取りに行く。前工程では、すべての種類の部品を少しずつ取り揃えておき、後工程に引き取られたぶんだけ生産する。そのために使われているのが、「カンバン」と呼ばれている部品の補充と生産を管理するカードだ。

こうした「自働化」と「ジャスト・イン・タイム」に基づくトヨタの生産方式は、世界最高のオペレーションシステムといわれている。

前出の日本人留学生、杉本さんは授業をこう振り返る。

「トヨタの生産方式の合理性や完成度の高さにクラスメートたちも皆、驚いていました。トヨタ車は故障が少ないため、アメリカの中古車市場での売却価格が高いことで知られていますが、『これなら多くのメーカーが模範としているのもわかる』と、納得している様子でした」

ハーバードでトヨタは過去二十年以上にわたって、オペレーションの教科書として君臨している。今後もトヨタを超えるようなメーカーは、そう簡単には出てこないのではないか、というのがもっぱらの見方なのである。

「カイゼン」が従業員に仕事の意味を与える

他の企業がトヨタの生産方式を導入しても、トヨタと同じような生産性や合理性を達成できないのは前述のとおりだ。ラマン教授がいうように、いくら体操やBGMや作業服をマネしたところで、従業員がトヨタの「マインド」を身につけなければ、絵に描《か》いた餅で終わってしまうからである。

授業では、トヨタの生産方式の基本だけではなく、そのマインドも徹底的に学ぶ。「五回のなぜ」(「なぜ」を五回問いかけることによって問題の原因を探る考え方)や、「カイゼン」(現場の作業者が中心となって知恵を出し合い、ボトムアップで問題解決をはかっていくこと)のコンセプトなどを学習していくのだ。

「五回のなぜ」も「カイゼン」も、従業員が積極的に問題解決に参加することを促すためのものだ。この社員一人ひとりの圧倒的な問題解決力が、トヨタの強さの源泉となっている。

トヨタは、そもそもゼネラルモーターズ(GM)社やフォード社の技術を模倣することからスタートした会社だ。ところが結果的にビッグスリー(GM、フォード、クライスラー)が凋《ちょう》落《らく》し、トヨタがアメリカのメーカーを追い抜くことになる。ラマン教授はその理由もまた、トヨタのマインドにあるという。

「トヨタはフォード車を模倣するだけではなく、もっとよいものをつくるにはどうしたらいいか、考えたからです」

トヨタの創業者、豊田喜一郎は「これからの日本は外国技術の模倣から一日も早く脱却し、日本独自の産業技術の確立を図る必要がある」[2]と痛感していた。模倣からの脱却が「カイゼン」という概念を生み出し、経営陣だけではなく、全従業員に浸透することとなった。

「カイゼン」は、優れた品質の製品や新しい技術を生み出すだけではない。働く人々に仕事の意味と誇りを与える。ラマン教授が強調しているのは、その点だ。

「たとえば私がトヨタの組立ラインで働く従業員で、私の仕事は右側の前輪を設置することだったとしましょう。トヨタのマネジャーは、『前輪をつけるだけがあなたの仕事ではありません。どうしたらもっと迅速にミスなく前輪をつけられるか考えるのもあなたの仕事です』といって、従業員の仕事に意味を与えるのです。単純作業ではなく、会社に役立つための改善案を考えるのが自分の仕事だとわかれば、誰でもやる気になりますよね」

同じ作業を続けるというのは、どんな人間にとってもつらいことだ。ところが前輪を一つつけるたびに、「もっとうまくやる方法はないか」と考えたらどうだろうか。一回一回の作業は、よりよい製品をつくるための学びとなり、意味をもつようになる。

自分が提案したことが、目にみえるかたちで採用される。ミスや失敗を報告すれば「カイゼン」に貢献したとみなされる。しかも、それらは上司から評価される。社員はさらにやる気になる。それがトヨタの成長の原動力となっているのだ。ラマン教授はいう。

「こうした一人ひとりの従業員の意識が、数千億ドルという売上につながっているのです。トヨタの成功の秘訣は、従業員のマインドにあると私は考えています。安全なクルマをつくるにはどうしたらいいか、全員で考える。一人ひとりが毎日、仕事をしながら何が改善できるかを考える。リーダーは問題を共有しやすい企業文化をつくる。それがトヨタです」

授業でトヨタの事例を学んだ向山さんはいう。

「ハーバードの授業では、日本式生産方法をアメリカに導入する際、『報酬』で改善を促進すべきか、それとも『企業文化』で改善を促進すべきか、という議論が出ます。しかし結局のところ、報酬を上げるだけではうまくいかないことが多く、従業員のマインドを変えることがいかに大切かを学ぶのです」

お金だけでは人をやる気にさせることはできない。トヨタの事例は大切な価値観を教えてくれるのだ。

アメリカ人を驚愕させた「プロブレム・ファースト」

トヨタの事例はエグゼクティブプログラムでも取り上げられている。九十分を使って学ぶのは、どの業界にも模範となる〝トヨタの精神〟だ。

「授業に参加している一六〇人の経営幹部は皆、トヨタの事例に感銘を受け、『我が社の社員のマインドを変えるにはどうしたらいいだろうか』と考えるようになります。トヨタの事例はメーカーだけではなく、金融、保険、小売など、ありとあらゆる業種の管理職の模範となるのです」

「カイゼン」の精神に基づき、社員に報告してもらうのは、よいことだけではない。ミスや失敗も進んで報告してもらう。この「成功よりも失敗を先に報告する」という習慣は、欧米企業の役員や管理職にとってはあまり馴染みのないものだ。トヨタの事例を学ぶと価値観が百八十度変わるというから、面白い。

これについては有名な逸話がある、とラマン教授が教えてくれた。

二〇一二年まで、トヨタ モーター ノース アメリカのチーフ・コミュニケーション・オフィサーを務めていたジェームズ（ジム）・ワイズマン氏の話だ。

ワイズマン氏は、トヨタのケンタッキー工場で仕事に対する自分の価値観をすべて変えるような経験をしたことを、インタビューで語っている。

ワイズマン氏は、一九八九年十月、米ケンタッキー州にあるトヨタモーターマニュファクチャリングUSAの地域担当広報マネジャーとして採用された。入社したときの取締役社長は張富士夫《ちょうふじお》氏（トヨタ自動車名誉会長）。

当時、同社では毎週金曜日に管理職以上が参加する会議があった。採用されたばかりの彼は、そこで少し自慢気に、いかに自分のチームの広報活動がうまくいっているかを報告した。

すると張氏は困惑した顔で、こういったという。

「ジムさん、私たちはあなたが素晴らしいマネジャーであることをすでに存じ上げています。そうでなければ、採用しませんでしたから。だからここでは、あなたが抱えている問題を教えていただけませんか。そうすればここにいる皆で力を合わせて解決することができます[3]」

ワイズマン氏は、その一言に雷に打たれたような衝撃を受けた。なぜなら彼がこれまで働いてきたアメリカの会社では、失敗を会議で報告するなど、とんでもないことだったからである。

しかし、張氏に直接いわれて、ようやく「トヨタの人たちが、『プロブレム・ファースト（問題を先に報告せよ）』といっていた意味がわかったのだ」という。

オペレーションの目的は、「普通の人々が力を合わせて大きな偉業を成し遂げること」。その普通の人々を正しく導くのが管理職であり、リーダーである。小さな改善の積み重ねが、世界一の自動車メーカーを支えていることを、トヨタの事例は教えてくれる。

豊田章男社長が体現する「謙虚なリーダー像」

ラマン教授は、戦後、日本経済が急速に成長したのは、製造業の分野に、突出して優れたリーダーがいたことが大きいという。

トヨタにも、ホンダにも、ソニーにも素晴らしい創業者や経営者がいた。彼らは、何万人もの従業員が力を合わせて大きな仕事ができるような組織をつくり、仕組みをつくり、文化をつくった。それが偉業につながった、というのである。

日本企業の成功は、アメリカのオペレーションマネジメント研究にも大きな影響を与えた。一九八〇年代、日本の製造業が飛躍を遂げると、アメリカは「なぜ日本のメーカーは強いのか」「なぜ日本企業のように高品質な製品をつくれないのか」とその要因を徹底的に研究した。

当時、「それは、アメリカ人労働者の質が低いからだ」というのが一般的な認識だった。アメリカ企業の経営者たちは、「労働者がダメだから生産性も低いのだ」「日本人の能力が高いから高品質な製品をつくれるのだ」と信じ込んでいた。

ところが日本企業を研究するにつれ、「アメリカ人労働者の生産性が低いのは、アメリカ企業の経営者、役員、管理職のリーダーシップにも問題があるからだ」ということがわかってきたのである。

そこで注目されたのが、日本人経営者の「謙虚さ」だった。軍隊のようなグローバル企業では、上意下達が基本。経営者が決めたことを、部下はそのとおりに実施するのが当たり前だった。ところが日本のメーカーの経営者は、下からの意見を聞いて、一緒に考える。それが「学習する組織」を形成し、強さの源泉となったというわけである。

ラマン教授は、トヨタの豊田章男社長の謙虚な言葉が忘れられない、という。豊田社長は二〇一〇年、リコール問題について、アメリカ下院議会の監督・政府改革委員会の公聴会で次のように証言した。

トヨタはこの数年間、急速にビジネスを拡大させてきました。正直に申し上げて、成長のペースが速すぎたのではないかと考えています。トヨタは伝統的に一に安全、二に品質、三に製造量、という優先順位を守ってきた会社です。ところがあまりにも急速に成長しすぎたために、その優先順位が揺らいでしまいました。「お客さまのために立ち止まって考え、改善する」「よい製品をつくるためにお客さまの声を聞く」という基本精神が薄れてしまったのです。[4]

「私はこの証言を聞いて、『これほどまでに正直に発言するリーダーがいただろうか』と感銘を受けました。仮に私がトヨタの工場で働く従業員であったら、豊田社長のようなリーダーのもとで働いていることをきっと誇りに思ったはずです。日本企業には、こうした正直で謙虚なリーダーがいたからこそ、従業員もついていった。だからこそ、日本の製造業は飛躍的に成長したのだと思います」
こうした日本人のリーダーシップについては、オペレーションの授業だけではなく、あらゆる授業で紹介されている。日本人の謙虚なリーダーシップは世界の模範になる、と考えられているからだ。それについては、第5章で詳しく述べることにする。

---

[1] http://www.wsj.com/articles/at-zappos-banishing-the-bosses-brings-confusion-1432175402
[2] http://www.toyota-ti.ac.jp/sogo/gaiyo/sohritsu.html
[3] http://www.fastcompany.com/58345/no-satisfaction-toyota
[4] http://www.theguardian.com/business/2010/feb/24/akio-toyoda-statement-to-congress

第2章

歴史

最古の国に金融と起業の本質を学ぶ

世界初の先物市場・堂島米市場

アメリカより百二十年前に先物市場をつくった日本

世界初の企業が生まれた国。世界初の先物市場が生まれた国。そして世界でも類をみない経済成長を遂げた国。それが日本だ。

日本に住んでいるとあまり実感できないが、日本は世界の国々と比べても、圧倒的に歴史の長い国なのである。デンマークの建国は八世紀ごろ、アメリカ合衆国の建国は十八世紀、中華人民共和国の建国は二十世紀。それに対して日本の建国は紀元前。その歴史は二千年以上といわれている。

そう考えれば、さまざまな「世界初」が日本から生まれているというのも、当然なのかもしれない。

株式市場、先物市場など、「市場」は欧米発のように思われているが、じつは、世界初の先物市場は江戸時代、大坂の堂島で生まれている。一七三〇（享保十五《きょうほう》）年、米の先物取引を行う市場として誕生したのが「堂島米会所《こめかいしょ》」だ。

二十一世紀の現在、先物市場として有名なのは、シカゴ・マーカンタイル取引所（一八九八年設立）だが、二〇〇七年に同取引所に買収されたシカゴ商品取引所（一八四八年設立）がアメリカ最古である。それよりも約百二十年も前に先物市場を発明したというのだから、いかに当時の日本人商人が優れていたかがわかるだろう。

来日したノーベル経済学者や著名な財界人たちは、こぞって大阪市北区にある「堂島米市場跡記念碑」を訪れる。彼らは世界初の先物市場、堂島米市場を生み出した日本人商人の創造性をいまも賞賛してやまない。

バブル崩壊後、二十年以上にわたって停滞している日本経済。欧米のマスコミは「経済政策がまったく効果を発揮していない」「日本の成功モデルは終わった」と強調する。しかし世界の金融史を繙《ひもと》いてみれば、日本人が金融分野の先駆者だったことがよくわかる。

堂島米会所の教材を執筆し、金融史の授業で教えているのが前出のデビッド・モス教授だ。

毎年、夏に野村マネジメント・スクールのエグゼクティブ講座で講師を務めていることもあり、日本経済にも造詣が深い。

モス教授は、ハーバードで誰もが認める人気教授だ。ハーバードの学生や卒業生に「どの教授の授業が最も印象に残ったか」と聞くと、必ず名前が挙がる。それほどの人気教授だけに、当然、影響力も大きい。

モス教授が日本の事例を取り上げているのは、「近代的金融システムの形成」という選択科目だ。授業の第二回目で、世界最初の先物市場として堂島米会所が登場する。ハーバードで教えられている日本関連の事例のなかで最も年代が古い事例だそうだが、学生からの評判は上々のようだ。

「堂島米会所のケースは、複雑な要素が絡み合っていて理解するのが難しいケースですが、なぜか学生からはとても人気があります。毎年、期末試験のレポートで、最も引用されることが多い事例です」

とモス教授は語る。

「近代的金融システムの形成」の授業では、学生は財政・金融システムの成り立ちについて学ぶ。江戸時代に出現した堂島米市場の事例は、先物市場の存在意義を探るうえで、恰好《かっこう》のケースとなっている。

なぜ日本の商人は「つめかえし」を編み出せたのか

堂島米会所は一七三〇年、大坂堂島に設立された日本最大の米市場だ。

そもそもなぜこの時代の日本で、米の先物市場が生まれたのか。モス教授によれば、金融市場は「その時代、その場所にニーズがあったから自然にできた」という例が多いそうだ。「堂島米会所よりも前に先物市場は存在しなかったと思います。オランダ人が似たような取引を始めていた可能性もありますが、それが鎖国状態の日本にまで伝わったとは思えません。堂島の米市場は自然発生的に日本で出現した、と私は推測しています」

それではいったい、どのような経緯で発生したのだろうか。

安土・桃山時代から有力商人が在住していた大坂には、江戸時代に諸大名の蔵屋敷が建てられはじめた。蔵屋敷とは、諸大名が年貢米や特産物を売りさばくために設けた、倉庫と取引所を兼ねた屋敷のこと。要は商売と換金の拠点だ。江戸幕府が成立し、政治の中心が江戸に移転したあとも、商業の中心はそのまま大坂にとどまった。

江戸時代、米は貨幣の代替物としての役割も果たしていた。農民は年貢を米で納め、武士は俸禄を米でもらって換金していた。

そのため、最初に登場したのが、「米手形」「米切手」といった証券だ。米俵は重いし、かさばるから、取引のたびに動かしていたらたいへんである。そこで取引に便利な証券が使われるようになった。

米の売却は入札制で行われ、落札した仲買は代金の三分の一を掛屋《かけや》（蔵屋敷で出納係を務める商人）に納め、「米手形」を発行してもらう。その米手形と残金を町人蔵元に持参して「米切手」と交換する。米切手は現米を請求することができる。

当初は実物米を市中で売買していたが、やがて証券のみが取引されるようになる。十七世紀半ばには、町人蔵元の淀屋（のちに豪商となる）の門前に米商人たちが集まり、証券の売買が行われるようになった。それが「淀屋米市」と呼ばれる市場に発展していった。

次に商人たちが考えたのが、「先物取引」（帳合米取引《ちょうあいまいとりひき》）だ。

「先物を売る」とは、米を将来のあらかじめ定められた期日に、現時点で取り決めた価格で売る約束をすること。「先物を買う」とは、現時点で取り決めた価格で買う約束をすることだ。

なぜ、商人が先物取引を考え出したか。それは、いまでいう「リスクヘッジ」の需要があ

江戸時代の堂島米市場の様子（提供：国立国会図書館）

ったからといわれている。米の価格はつねに変動する。暴騰したり、暴落したり、そのたびに損をしていてはかなわない。

ここで商人は「つめかえし」という「リスクヘッジ」の方法を編み出す。「つめかえし」とは、現物取引での損失を補塡する方法。たとえば、米一石の仕入れ値段が四五匁《もんめ》、市中価格が五〇匁で、米価が暴落しそうなとき、商人は次のような「つめかえし」をする。

両替商から米切手一石分を借りる
↓米切手を売る（＋五〇匁）
↓一カ月後、市中価格が四〇匁になる
↓四〇匁で現物を売る（＋四〇匁）
↓四〇匁で米切手を買い戻す（－四〇匁）

↓両替商に米切手一石分を返す（五〇＋四〇−四〇−四五〈仕入値〉＝五匁）

（参照：楽天証券公式ホームページ[5]）

こうした取引は、米手形を介して行われることが多かったが、一六六〇（万治三）年、幕府が米手形の売買を禁止すると、商人は帳面上の取引だけで完結する「帳合米取引」という方法を編み出す。つまり売り買いを机上でやり、最後の差額のところだけ精算する仕組みだ。

この帳合米取引こそ、先物取引そのものだった。

淀屋米市は一六九七（元禄十）年、対岸の堂島に移され、一七三〇年、幕府から「堂島米会所」として公許される。こうして正式に世界初の先物市場が生まれることとなった。

徳川吉宗の視点から議論される米市場の是非

堂島米会所のケースを教材に、ハーバードの学生は何を議論するのだろうか。

面白いことに、ハーバードはグローバルリーダーの養成機関なので、商人の立場ではなく徳川吉宗の視点から堂島米会所の成り立ちをみていくのである。「あなたが徳川吉宗だったら、堂島米市場を公的に認可しますか」というのが授業の論点だ。

十七世紀半ばの淀屋米市の時代から、一七三〇年の堂島米会所の公許まで、幕府の政策はぶれまくっていた。容認したり、禁止したり、試行錯誤の繰り返しだったのである。

なぜ政策が二転、三転したのか。その背景には武士と金銭の特殊な関係があった。

そもそも武士にとって金銭を動かす市場というものは、品性に欠けるものだ。金が儲かることはなんとなくわかっていても、そこに深く関わることは、「損得勘定で物事を考えない」という武士道の精神に反する。そのうえ、市場によって裕福になった武士のなかには、堕落した生活を送る者も出てきた。幕府のなかには、これではまるで賭博ではないか、という否定的な意見も多かった。こうした理由から、一六六〇年、第四代将軍・徳川家綱の時代に、いったん、米手形の取引は禁止される。

しかし一方で、これを幕府がうまく利用すれば、幕府の財政は潤う。米の値段が上がれば、武士の生活は楽になる。また農民も米づくりに励むようになる。

一七一六（享保元）年、第八代将軍に就任した徳川吉宗にとって、米市場を容認するかということは、最重要課題の一つだった。徳川幕府が何をやったかをみていくと、迷いながら、最終的に「公認」に踏み切ったことがわかる。

一七二一年　堂島米会所での不正取引によって米価格が暴騰したのを機に、先物取引を禁止
一七二二年　先物取引を制限つきで容認
一七二八年　先物取引を全面容認
一七三〇年　堂島米会所を幕府が公認

「とても重要なのは、堂島米市場が形成されるまでの過程です。幕府がどんな順番で、どんなことをしたのか、という点です。徳川吉宗は一七二八年に先物取引を公認しますが、それだけでは市場は生まれませんでした。先物市場が生まれたのは、一七三〇年、堂島米会所が徳川幕府公認の取引所として設立されてからです。そこからようやく市場として機能していきます」

とモス教授はいう。

徳川吉宗の公認は、先物市場の形成に不可欠なものだった。ところが、それだけでは不十分だった。幕府のお墨つきに加えて、「堂島米会所」という取引所がなければ、世界最初の

先物市場は生まれなかったというのである。モス教授は話す。

「この事例からわかるのは、政府が取引を公認するだけでは市場は形成されないことです。金融機関、取引ルール、信用機関、手形交換所が必要なのです。こうした金融制度がないところで取引しても対価は得られません。金融システムを理解するには取引だけではなく、金融制度を理解することが必要だということを、堂島米会所のケースは教えてくれます」

堂島米会所には、一〇〇〇人もの仲買人がいたということから、その盛況ぶりが窺える。高度な金融システムそのものすべてをゼロから生み出した日本人。その偉業が三百年後、世界最高峰の大学で教えられることになるとは、徳川吉宗も日本の商人も、予想だにしていなかっただろう。

欧米人と大きく異なった武士の金銭観

モス教授が堂島米市場のケースを「複雑なケース」というのはなぜか。それは、金銭に対する武士の考え方が欧米人には理解しづらいからだ。

欧米流に論理的に考えれば、徳川吉宗はさっさと市場を公認して、幕府も儲ければいい、となるのだろうが、それでは武士道に反する。

武士道とは、武士のあいだに形成された道徳律のことだ。とくに明文化はされていないが、鎌倉時代から発達し、江戸時代に儒学思想と結合して完成したといわれている。武士にとって武士道は「守るべき掟」であり、いまふうにいえば「リーダーとしての心得」のようなものであった。

その武士道の教育であえて外されたのが、数学だ。武士の子弟は剣術、乗馬などのほかに、書道、道徳、文学、歴史などを学ぶが、なぜか数学や金勘定だけは学ばない。なぜなら「富は知恵を妨げる」というのが武士の信条だったからである。

新渡戸稲造は著書『武士道』で次のように説明する。


武士の子は、経済のこととはまったく無縁に育てられた。経済のことを口にすることは下品とされ、金銭の価値を知らないことはむしろ育ちのよい証拠だった。

（『武士道』新渡戸稲造著、岬龍一郎訳、PHP文庫）


武士は損得勘定で物事を考えない。金銭そのものを忌み嫌い、むしろ足りないことを誇りに感じていた。お金を貯めることもせず、理財に長《た》けることなどはもってのほかであった。贅沢《ぜいたく》は人間を堕落させるもので、金銭を惜しみなく投げ出す者こそが、賞賛されたのである。

武士道は何百年にもわたって武士のあいだで脈々と培《つちか》われてきたルールだ。「金銭を得ることでは人々から尊敬されない」「金銭に溺れれば自分たちの支配階級としての地位が危うくなる」という価値観も、武士が長い年月をかけて学んできたことの結果であるともいえる。

こうした価値観のもとで育ってきた武士が、商人の手によって出現した市場にどう対処したらよいものやら、迷うのも無理はない。ましてや、徳川吉宗は征夷大将軍。武士の鑑《かがみ》となるべき存在だ。武士道の精神に則っているかどうか、どれだけ自問自答したことだろうか。

欧米の証券取引所は、主に国が儲けるため、王侯貴族や銀行家が儲けるために設立されている。たとえば、一六〇二年につくられた世界最古のアムステルダム証券取引所。その設立目的は、オランダ東インド会社の資金調達だ。

当時の西ヨーロッパでは重商主義（国家が積極的に産業を保護・育成し、輸出を増やして国を富ませようとする経済思想）が広がっていた。ところがその思想は国民を富ませるというよりは、支配階級を富ませる結果となった。

王は、特定の商人団にだけ貿易の特別許可を与え、彼らが稼いできた金銭を吸い上げた。東インド会社が儲かれば儲かるほど、王家は潤った。アムステルダム証券取引所は、王侯貴族にとっては〝金のなる木〟であり、諸手《もろて》を挙げて歓迎すべきものであった。そこに金銭や商取引を忌み嫌う、という精神はなかったのである。

ハーバードの金融史の授業では、武士道にまで踏み込んで、武士の精神を教えているわけではないが、最も印象に残る事例になっているということは、何か現代の学生の琴線に触れるものがある、ということであろう。

十八世紀、日本人の知的水準は圧倒的に高かった

「江戸時代の商人は非常に頭がよかったと思います。世界で最初に複雑な先物市場をとてもうまく運営する方法を考え出しました。その賢さには感心するばかりです」

モス教授は日本人の創造性を惜しみなく賞賛する。

なぜシカゴの商品先物市場が誕生する約百二十年も前に、日本の商人たちは先進的な市場

をつくりあげることができたのか。

その一つの要因として、十八世紀の日本人の知的水準が圧倒的に高かったことがある。当時、日本人の識字率も就学率も、世界的にみてかなりのレベルにあった。多くの町人の子女が寺子屋に通い、読み書きと計算を身につけた。

世界初の先物市場は、世界有数の高度な文明社会から生まれたのである。

堂島米会所は、名だたる経済学者からも日本人の偉業として讃《たた》えられている。

一九九〇年にノーベル経済学賞を受賞したマートン・ミラー教授（一九二三〜二〇〇〇）は、NHKスペシャル「マネー革命」（一九九八年十二月六日放送）のインタビューで次のように語っている。

先物市場は日本で発明されたのです。米の先物市場が大坂の真ん中の島で始まりました。それは現代的な取引制度を持った最初の先物市場でした。それは現代の先物市場が持っているすべてを完備した先物市場でした。（中略）二、三年前のことですが、私は大阪に行ったとき、花を買って最初の先物市場の跡地に捧げました。それは人類に対するすばらしい貢献だったからです。

（『ＮＨＫスペシャル　マネー革命　第2巻　金融工学の旗手たち』相田洋、茂田喜郎著、ＮＨＫライブラリー）

マートン・ミラー教授は、いわゆる自由市場の信奉者で、商品取引所への行政の介入に真っ向から反対したことでも知られている。シカゴ大学ブース経営大学院の教授を務めるかたわら、シカゴ商品取引所、シカゴ・マーカンタイル取引所の役員も歴任した。ＮＨＫが取材に訪れた際も、質問もしていないのに、堂島米会所の話をしたというから、心から日本人商人の功績を讃えたかったのだろう。

堂島米会所は、一八四八年のシカゴ商品取引所の設立に大きな影響を与えた。なんと「売り」と「買い」の身ぶりが堂島米会所とシカゴ商品取引所で同じだったそうだ。「シーボルトが堂島米会所をみて、その仕組みをドイツに伝え、それがアメリカに伝わった」という説もある。

堂島米会所は、その後、幕府に翻弄されつづける。幕末には、財政難に陥った幕府や諸藩が極端な投機に走り、米がないにもかかわらず空手形を乱発。米の価格は高騰して市場は混乱した。その結果、堂島米会所は市場としての信頼を失っていき、幕府崩壊とともに、明治政府により廃止された。
マートン・ミラー教授は、世界初の先物市場、堂島米会所が明治政府によって潰されてしまったことを残念がる。

規制さえなければ、日本はこの分野の先駆者になれたかもしれません。この話は、日本人だって金融の分野で成功できないことはないのだということを示していると思うのです。
（前掲書）

金融市場に革命を起こしたのも日本人なら、それを規制したのも日本人であった。市場主義を信奉する経済学者からみると、政府の規制は悪で、堂島米会所の閉鎖はもったいないこと、となるのであろう。しかし、仮に明治時代の日本が市場主義を突き進み、堂島米会所を発展させたとして、それが日本人にとって幸せな結果となったかどうかはわからない、ということも付け加えておく。なぜなら新自由主義（政府の規制を緩和・撤廃して民間の自由な活力に任せ、成長を促そうとする経済政策）が、格差を助長させ、金銭至上主義を助長させ、株式市場を投機の場にしたという批判もあるからである。

社会制度は変えられる——明治維新と岩崎弥太郎

三菱グループの創業過程を学ぶ理由

ハーバードで教えられている日本の事例のなかで、堂島米会所の次に古いのが、岩崎弥太郎の事例だ。

「岩崎弥太郎：三菱の創業」という教材を執筆したのは、ハーバードを代表する知日派、前出のジェフリー・ジョーンズ教授。二十年以上、日本の経営史を研究し、過去には学習院大学の客員教授を務めたこともある。現在は、経営大学院だけではなくハーバード大学エドウィン・O・ライシャワー日本研究所の教授も兼任し、渋沢栄一から環境ビジネスまで幅広く研究活動を行っている。

「岩崎弥太郎：三菱の創業」を教材として使用しているのが「起業家精神とグローバル資本主義」という選択科目だ。この授業では、その名のとおり、起業家がグローバル資本主義の形成に果たした役割を年代の古い順に学んでいく。

十九世紀、アヘン貿易で財を成したイギリス人商人ウィリアム・ジャーディンとジェームス・マセソンから、二十一世紀のアフガニスタンの女性起業家まで多彩な起業家を取り上げているが、そのなかで、岩崎弥太郎が紹介されているのである。

授業のシラバスには、次のように書かれている。

「この事例では三菱の創業者、岩崎弥太郎の起業家人生について考える。岩崎弥太郎は、欧米の競合会社が鎬《しのぎ》を削るなか、日本で大規模な海運会社を設立した起業家だ。岩崎弥太郎は、明治政府とときに対立し、ときに協力関係を結びながら持ち前の才能と組織形成スキルによって成功を収めていく。十九世紀後半、日本は封建社会から近代社会へと驚くべき変貌を遂げたが、その背景に起業家の存在があったことをこの事例から学んでいく」

(Course Syllabus, "Entrepreneurship and Global Capitalism" Professor Geoffrey Jones)

岩崎弥太郎が登場するのは、第一部「欧米とその他の国々の格差の拡大」。議論の焦点は次の三つだ。
1. 一八七四年の台湾出兵の際、なぜ明治政府は創業まもない三菱商会を支援したのか。

2. 岩崎弥太郎は土佐藩の下級武士から、東アジア最大の商船会社のトップへとのぼりつめた。何が彼をそこまで駆り立てたのか。

3. 十九世紀後半、日本は欧米列強の進出に屈しなかっただけでなく、アジアで唯一、大規模な経済の近代化に成功した。なぜ日本だけが成功したのか。

要は「政府と企業の成長との関係」「起業家としての原動力」「明治維新と経済成長」の三つについて、岩崎弥太郎を軸に学んでいこう、というわけだ。

日本人なら誰でも知っている「三菱」の名前だが、ハーバードでは、トヨタ、ホンダ、ソニーほどは知られていない。学生はこの授業で初めて、三菱グループの創業と、岩崎弥太郎という起業家について学ぶのである。

岩崎弥太郎は起業家のロールモデル

ジェフリー・ジョーンズ教授が岩崎弥太郎を取り上げている理由は、もう一つある。それは、岩崎弥太郎の生き方が、いまの時代の若者にとってもロールモデル（模範的な人物）となることだ。岩崎弥太郎が何歳のときに、何をやったのか。その一つひとつが、学生にとっては大きな意味をもつ。ジョーンズ教授はいう。

「岩崎弥太郎は学生のロールモデルとしてふさわしい人物だと思います。彼は三十代で明治維新と起業を経験し、四十代で巨万の富を築きました。最近の経営大学院の学生はIT起業家の活躍もあり、『三十歳までに何かを成し遂げて金持ちになっていないと、人生終わりだ』と思い込んでいるもの。そんな学生たちに『三十代からでも遅くない』ということを岩崎弥太郎は教えてくれるのです」

それだけではない。岩崎弥太郎の「豪快なキャラクター」と「変化を利用してのし上がる野心」も、学生の心をとらえて放さない。

あらためて、岩崎弥太郎(一八三四〜一八八五)の人生を年表でみてみよう。

十九歳　江戸遊学に出る
二十三歳　吉田東洋の門に入る
二十四歳　長崎派遣/郷士《ごうし》格の回復/土佐藩開成館貨殖局に出仕
三十二歳　開成館長崎出張所に赴任

〈三十三歳　明治維新〉
三十四歳　開成館大阪出張所へ異動、九十九《つくも》商会開設
三十六歳　廃藩置県により藩吏の職を辞す／三川《みつかわ》商会に改称
三十八歳　三菱商会に改称、吉岡銅山（岡山県）を経営
三十九歳　東京移転、台湾出兵の軍事輸送を受命、三菱蒸汽船会社に改称
〈三十九歳　台湾出兵〉
四十歳　上海定期航路開設、郵便汽船三菱会社に改称、三菱製鉄所を創設
四十二歳　西南戦役軍事輸送受命
〈四十二歳　西南戦争〉
四十八歳　三菱会社、共同運輸会社との争いが始まる／工部省長崎造船所を借用
五十歳　病のため永眠

（三菱グループホームページ[6]参照）

そういわれてみれば、岩崎弥太郎の人生は意外に遅咲きである。二十代、ひたすら南学《なんがく》（土佐藩で発展した朱子学）などの学問と商売を学び、それが三十代、四十代の成功につながっている。その歩みは、二十代でＩＴ長者をめざすだけが人生ではない、ということをたし

かに教えてくれる。

社会を変える側に立ってビジネス拡大を図る

この年表をみて、さらに気づくのが、岩崎弥太郎が社会制度の変化や政府を利用して、ビジネスを拡大させていることだ。

明治維新の際には、土佐商会で土佐藩の兵站《へいたん》を引き受け、その後、土佐商会を継承。廃藩置県を機に、同藩の有志とともに独立し、九十九商会（のちの三菱商会）を経営することとなる。台湾出兵、西南戦争では、新興企業ながら政府のニーズにいち早く応え、海運界で独占的地位を築く。

岩崎弥太郎が明治政府の信頼を得る大きなきっかけとなったのが、清国台湾に日本が出兵した台湾出兵（征台の役、一八七四年）だ。開国後、日本が最初に海外派兵したのは、台湾だった。

明治政府の発足後、政府のなかで声高に主張されていたのは「征韓論」だ。特権的な地位を失った士族の不満を外へ向けるために、朝鮮への出兵を推進しようとしたのが、西郷隆盛や江藤新平だった。しかし征韓派は、「内政を優先すべき」とする大久保利通《としみち》らに敗れ、一八七三年、下野《げや》することとなる。

こうした背景のもと、一八七四年、明治政府は台湾出兵を決断する。それ以前に起きた二つの事件から台湾征討の声が高まっていたからだ。

一八七一年、琉球島民が台湾南東岸に漂着し、うち五四名が台湾の原住民に殺害され、さらに一八七三年には備中国（岡山県）柏島村の船が台湾に漂着し、日本人乗組員四名が略奪にあうという事件が起こった。これらの事件を根拠として、台湾に出兵することにしたのである。

出兵にあたって必要となるのは、日本から兵員を運ぶ輸送船だ。政府はイギリスの海運会社やアメリカのパシフィック・メイル社などに輸送を依頼したが、局外中立を理由に協力を拒否されてしまった。次に政府が頼ったのは、日本国郵便蒸気船会社だ。ところが同社は国有会社にもかかわらず、協力を渋った。岩崎弥太郎が創業した三菱商会との競争が激化していたからだ。ただでさえ財務状況が悪化しているのに、政府に協力しているあいだに、三菱に顧客を奪われてしまうと考えたのである。

困り果てた政府が最後に頼ったのは、新興の三菱商会だった。

長崎に設置された台湾蕃地《ばんち》事務局の大隈重信長官は、岩崎弥太郎を呼び、こういった。

「かくなるうえは三菱の全面的協力をお願いしたい」

それに対し、岩崎弥太郎は次のように答えたという。

いま現に政府の保護によって設立せる日本国郵便蒸気船会社の存するあり。しかして微生一個の独力をもって運輸の業を営む。その事業の困難なる知るべきなり。然《しか》れども男児ひとたび事を創《はじ》め、中路にして廃棄するは自ら恥ずるところなれば、わが精力を尽くして十一の成功を千百の破敗の内に求め、倒れてのち止まんと決心せり。いま閣下の重命を辱《かたじけの》うす。光栄これより大なるはなし。敢《あ》えて力を尽くして政府の重命に応えざらんや。

（『二引《にびき》の旗のもとに　日本郵船百年の歩み』、日本郵船編）

この言葉は、ハーバードの教材にも英訳されてそのまま引用されている。岩崎弥太郎は個人の利益を追求して成功した経営者として知られているが、ここでは「国益」を優先させている。そのほうがあとあと儲かる、と合理的に考えたのかもしれないが、少なくともその時点では儲けを度外視して政府に協力した、というのが実情のようなのである。

明治政府は、アメリカとイギリスから計一〇隻の外国船を購入し、その運航を三菱に委託した。三菱は、兵員・武器・食糧などの輸送に全面的に協力することとなった。

一八七四年五月、政府は、陸軍中将西郷従道《つぐみち》の指揮のもと、三〇〇〇名以上の台湾遠征軍を派遣。うち五〇〇名がマラリアによって亡くなったが、戦いは日本軍優勢で展開。その後、在清イギリス公使の斡旋で和議が進められ、結果、清から五〇万元の賠償金を勝ち取ることに成功した。

台湾出兵を機に、岩崎弥太郎は政府から絶大なる信頼を得ることとなった。日本国郵便蒸気船会社は一八七五年、解散に追い込まれることとなり、三菱は日本の海運企業のトップに躍り出た。同年、政府は、政府保護下で民族資本の海運会社育成を図るため、特別法を公布し、有事の際の徴用を条件に、三菱にさまざまな助成を与えることとした。その後、三菱は日本国郵便蒸気船会社から一八隻を無償でもらい受け、一八七七年には四〇隻もの汽船を保有する海運会社に成長していく。

ハーバードでは「変化はチャンスだ」「変化を自ら起こすリーダーたれ」と、ことあるごとに教えられる。明治維新では社会を変える側に立ち、その後は国のニーズに柔軟に応えることによって、ビジネスを拡大していった岩崎弥太郎から学ぶ点は多い。

しかも注目すべきは、そのスピードだ。東京進出から一年で国内の競合企業に勝ち、政府の海運事業を独占し、トップとなる。これは、まさにグーグルやフェイスブックがＩＴ革命の波に乗り、世界有数の企業となったことと通じるものがある。ここにもまた、岩崎弥太郎が起業家の規範となる人物として共感される理由があるのかもしれない。

見直される渋沢栄一の合本主義

ジョーンズ教授の授業「起業家精神とグローバル資本主義」で、岩崎弥太郎のよきライバルとして紹介されているのが、「近代日本資本主義の父」渋沢栄一だ。

渋沢栄一（一八四〇〜一九三一）は、岩崎弥太郎とは対照的に、武蔵国（埼玉県）の裕福な豪農の家に生まれ、恵まれた環境で育った。二十代で一橋家に仕えて幕臣となり、その後、一八六七年、パリ万国博覧会幕府使節団に加わって渡欧。明治維新後は大蔵省官吏となり、財政金融制度の設立に携わるなど、一貫してエリート人生を歩む。その後、第一国立銀行を設立し、同行の頭取となったほか、王子製紙、大阪紡績、東京瓦斯《ガス》など多くの近代的企業の創立と発展に尽力した。渋沢が創業に関わった企業は五〇〇社以上にのぼる。

ジョーンズ教授は二人をこう比較する。

「商業主義を追求した岩崎弥太郎に対し、渋沢栄一は合本主義を唱えました。渋沢栄一は個人の利益よりも公益を優先すべきだと主張したのです」

合本主義とは、「公益を追求するという使命や目的を達成するのに最も適した人材と資本を集め、事業を推進させるという考え方」（『グローバル資本主義の中の渋沢栄一』橘川武郎、パトリック・フリデンソン編著、東洋経済新報社）。岩崎弥太郎が「富や権限は一人に集中すべき」と考えたのに対し、渋沢栄一は「多くの人の意見を結集すべき」と考えた。

個人の利益か、公益か。

異なる経営信念をもつ二人が真正面から対峙《たいじ》したのが、共同運輸会社（渋沢栄一）対郵便汽船三菱会社（岩崎弥太郎）の戦いだ。

渋沢にとって、単一資本、社長独裁の三菱が日本の海運業を専横し、利益を独り占めしているのが許せなかった。そこで一八八二年、井上馨《かおる》らとともに、ライバル会社、共同運輸を設立する。二社は二年半にわたって壮絶なシェア争いを繰り広げたが、最後は共倒れ寸前となる。結局、一八八五年、両社は合併して日本郵船となった。

授業では、渋沢栄一は岩崎弥太郎のライバルとして登場するだけなので、その思想について深く学ぶわけではない。しかしいま、世界の政財界のリーダーのあいだで、渋沢の唱えた合本主義が見直されているのだという。

二〇一三年、パリのOECD（経済協力開発機構）本部で合本主義をテーマに公開シンポジウムが開催されたが、参加したジョーンズ教授によれば、ヨーロッパ各国のOECD大使、世界各国の経済官僚、ビジネスパーソン、経営史研究者などが、強い関心を示したという。

リーマン・ショック後、先進国は新たな資本主義のかたちを模索中だ。ハーバードにおいてもかつては「お金持ちになろう」と野心をもって金融機関に就職する人が多かった。ところがいまは、「金融はあまり流行っていない」という。代わりに世界の人々の生活向上に直接貢献できるIT企業、新興企業、NPO（非営利団体）などに就職する人が増えてきた。

ハーバードで渋沢栄一が単体で教えられる日も近いかもしれない。

対照的だった日本と中国の近代化への道

岩崎弥太郎と渋沢栄一が活躍した明治時代。彼らは近代化の波に乗って、多くの企業を設立し、日本経済の成長に貢献した。そもそもなぜ日本はこの時代、アジアで唯一、近代化に成功することができたのだろうか。

ジョーンズ教授によれば、その要因は主に二つあるという。

一つは、江戸時代にすでに「高度に発展した特殊な文明社会」ができあがっていたということ。当時の日本は欧米よりも早く都市化が進んでいて、江戸、大坂などの大都市で町人中心の経済市場が形成されていた。江戸の人口は一〇〇万人にものぼり、世界有数の都市に成長していた。日本でこれほど都市化が進んだのは、参勤交代（大名が一定期間交代で江戸に参勤した制度）があったからだといわれている。

国民の教育水準や識字率が驚くほど高かったのは前述のとおりだ。「一八七〇年頃には、各年齢層の男子の四〇～四五％、女子の一五％が日本語の読み書き算数を一応こなし、自国の歴史、地理を多少はわきまえていた」（『学歴社会　新しい文明病』ロナルド・P・ドーア著、松井弘道訳、岩波現代選書）という。また江戸時代、農業技術が進み、農業生産性が向上したことも経済発展に寄与した、とジョーンズ教授は指摘する。

「経済成長の要因は複雑で、何が経済を成長させるのかについてははっきりとは解明されていませんが、確実にいえるのは、人的資本（ヒューマンキャピタル）が経済成長を左右するということです。なかでも読み書きができる国民がどれだけいるか、というのは非常に重要な要素です。日本には、江戸時代から優れた人的資本がありました。日本は閉ざされた封建社会のなかに、優れた人的資本を抱え、高度に発展した社会をつくりあげていたのです」

日本が近代化に成功したもう一つの要因として、日本の支配階級が武士だったことがある。

アメリカから黒船が来航したとき、武士が何よりも注目したのは、アメリカ人がどんな武器をもっているかであった。武士が帯同しているのは刀。一方、アメリカの軍人がもっていたのは銃。戦ったら負けるのは明らかだった。武士は直感でアメリカ人が彼らの脅威となることを察知したのだ。その危機感が明治維新へとつながったという。

また、貴族や学者とは違って、戦闘集団である武士は力ずくで、社会制度を変えようとした。これが他のアジア諸国との大きな違いだった、とジョーンズ教授は強調する。

「日本と最も対照的だったのが中国です。十九世紀、中国（清）の国家戦略を立案していたのは、学者と知識人です。彼らは中華思想の信奉者で、欧米が豊かになったとしても、中国の脅威になるという発想はありませんでした。他国が中国よりも優れているなどありえないと考えていたのです」

明治維新と同じころ、タイでは国王ラーマ五世のもとでチャクリー改革が行われたが、国王は武士ほど徹底的に制度を変えられなかった。十九世紀、日本ほど近代化に成功したアジアの国はなかったのだ。

日本の近代化の過程から、ハーバードの学生は何を学ぶのだろうか。ジョーンズ教授はこう説明する。

「国の社会制度は変えられるものだ、ということです。自分の国の制度が国全体のためにならないと思えば、変えることができる。最初は一人でも、小さなグループでも、本気で立ち上がれば国全体を変えられるのです。もちろん、それには犠牲が伴います。明治維新では多くの日本人が亡くなりました。でもそのおかげで近代化が進み、日本の経済が急速に成長したことも事実なのです」

---

[5] http://www.commodity.co.jp/cx/guide/02.html
[6] https://www.mitsubishi.com/j/history/series/yataro/index.html

第3章

政治・経済

「東洋の奇跡」はなぜ起きたのか

日本の金融政策、そしてアベノミクス

応募者が殺到した安倍首相の講演会

ハーバード大学経営大学院で日本が人気を集めていることは、序章で述べた。それでは、ハーバード大学全体ではどうだろうか。ハーバード大学・大学院には合わせて、二万一〇〇〇人もの学生が在学している。彼らはどの程度、日本に興味をもっているのだろうか。

それを如実に示すデータがある。二〇一五年四月二十七日にハーバード大学行政大学院（ハーバードケネディスクール）で行われた安倍首相講演の聴講希望者数だ。安倍首相の講演日程が発表されると、全学生の約一〇パーセントに当たる一八〇〇人もの学生が応募したという（『読売新聞』二〇一五年四月十九日付）。ハーバード大学で日本の首相が講演するのは史上初めてということもあり、希望者が殺到したのだそうだ。

会場の定員と警備の関係で、実際に参加できたのは、抽選で選ばれた五〇〇人。学生や教員からも「行きたくても行けなかった」という声が多く聞かれた。

講演当日、ケネディスクールのデビッド・エルウッド学長、キャロライン・ケネディ駐日アメリカ大使、ジョセフ・ナイ特別功労教授の挨拶に続き、安倍首相の講演となった。

アメリカ連邦議会上下両院合同会議での演説の前哨戦ということで、講演そのものは九分と短く、英語ではなく日本語で行われた。安倍首相はそのなかで、ところどころでハーバード大学や縁のある人に言及しながら、経済政策、女性活用、イノベーションなど、安倍政権の取り組みを簡潔に説明し、最後は、次の言葉で締めくくった。

「リーダーシップとは何か。若きジョン・F・ケネディは、それをgrace under pressure（筆者注：窮地に陥ったときにみせる気品）だと表現しています。私もそうありたい。そう思っています」（「ハーバード大学ケネディ・スクールにおける安倍内閣総理大臣スピーチ」二〇一五年四月二十七日）[7]

会場が大きな拍手につつまれると、次は質疑応答コーナーとなった。

このコーナーの司会を務めたジョセフ・ナイ教授は質問する学生に三つのルールを課した。

一つ目は、一階と二階に立ててあるマイクの前に順番に並び、自分の名前と所属を名乗ること。二つ目は、一人一質問で、一分以内に収めること。三つ目は、自分の意見を長々と述べるのではなく、必ず質問をすること。

　この日、ハーバードケネディスクールの正門前では学生らのデモが行われていたから、日本の首相の前で自分の主張を滔々《とうとう》と述べる学生が出てこないように、事前に釘を刺したのだろう。

　予想どおり、韓国系アメリカ人の学生から従軍慰安婦問題についての質問が出た。それに対し、安倍首相は「人身売買の犠牲となり、筆舌に尽くしがたい思いをされた方々のことを思うと、いまでも私は胸が痛みます」と述べ、河野談話を継承する考えをあらためて示した。正門前のデモと韓国系学生の質問。そこだけみると、ハーバード大学には反日的な学生が多いような印象を受けるが、実際に取材してみると日本ファンが非常に多いことがわかる。

　この日、どんな質問が出たか、あらためて当日の公式録画を確認してみる（The Institute of Politics at Harvard University, “A public address by Shinzo Abe, Prime Minister of Japan” YouTube, published April 28, 2015）[8]。すると、韓国系アメリカ人だけではなく、ほかに五人の学生が質問をしていた。

1．アメリカのエネルギー輸出は、経済的、戦略的な面からみて、日本、アメリカ、アジア全体にどのような利益をもたらすか。

（ケネディスクール・ビジネススクール　男子学生）

2. アジアの緊張関係を緩和するために、日本はどのようなステップをとりうるか。

（ケネディスクール　男子学生）

3. 政治の未来はどのようなもので、若者はそのなかでどのような役割を果たしていけばいいか。

（ハーバードカレッジ　女子学生）

4. 従軍慰安婦問題は、私の国（韓国）と貴国（日本）とのあいだで緊張関係をもたらしている。日本政府と軍部が従軍慰安婦システムに直接関与していたことを示す証拠があるのは明らかだし、それに対し、日本政府は一九九三年、河野談話で公式に韓国に謝罪した。こうした事実があるのにもかかわらず、あなた（安倍首相）は、日本政府が何百人、何千人という女性を性的奴隷として強制連行したことをまだ否定するのか。

（ハーバードカレッジ　男子学生）

5. ＢＲＩＣｓ（ブラジル、ロシア、インド、中国）の国々と、経済的、地政学的見地から、どのような関係を結んでいくか。

（ハーバードカレッジ　男子学生）

6. 日本の女性の地位向上についてはまだまだ課題があるが、安倍政権では具体的に何をしているのか。そして今後、どのような政策を実行していく予定なのか。

（ハーバードカレッジ　男子学生）

このようにしてみていくと、いかに四番目の韓国系アメリカ人の学生が特殊であったかがわかる。他のハーバードの学生は、この場に居合わせた学生にとって学びとなるような建設的な質問をしている。エネルギー問題から女性の活用問題まで幅広い質問が出て、それについて安倍首相は数字を交えながら丁寧に答えていた。客観的にみても、日本について理解を深めるよい機会であった、と感じられる講話だった。

なかでも、六番目の学生の質問については、このようなジョークで締めくくり、会場は大受けであった。

「よく申し上げるのはですね、リーマンブラザーズがもしリーマンブラザーズではなくてリーマンブラザーズ・アンド・シスターズだったら、潰れなかっただろうと」

ハーバード大学はユーチューブの公式チャンネルで、安倍首相の講演と質疑応答をすべて動画で公開している。ネット上には、韓国系学生の部分のみが切り取られて拡散しているようだが、映像を全部みると、いかにハーバードの教員や学生から日本の首相が歓迎されているかがわかる。

ちなみに、四番目に質問した韓国系アメリカ人の学生は、二〇一五年十月、ドナルド・トランプ氏（二〇一六年の米大統領選挙に共和党から出馬表明している実業家）の政治集会にも参加し、在韓米軍の駐留費用について質問している。しかも、そのときも前回と同じように「HARVARD」と大きくロゴが入ったパーカーを着ていたから、彼のパフォーマンスを苦々しく思っているハーバード関係者も少なからずいることだろう。

日本の経済成長要因をいま分析する意義

話を経営大学院の授業に戻そう。

経営大学院には、アベノミクスと日本の金融政策について八十分間議論する授業がある。「ビジネス・政府・国際経済」（BGIE）という必修科目だ。

「ビジネス・政府・国際経済」は、ビジネスの視点から世界各国の政治、政府の役割、国際経済について学ぶ科目で、ハーバード特有の科目といってもいいかもしれない。多くの経営大学院がマクロ経済を教えているのに対し、ハーバードでは主要国の経済環境について、政府との関係、社会制度、経済史にまで踏み込んで教えているのが特徴的だ。そのため、MBAプログラムでもエグゼクティブプログラムでもたいへん人気がある。

ハーバードの教員のなかでも、日本に関心を寄せる教員が多いのが、この科目を担当する政治経済学の部門だ。経営史の部門同様、歴史的な視点から日本の政治経済を研究しているため、日本から学ぶことの価値を深く理解している。

前出の青井倫一教授によれば、戦略やマーケティングの部門が最先端の企業や事例を研究する傾向があるのに対し、政治経済学の部門は各国の政治・経済・歴史を徹底的に研究し、アメリカとの違いをじっくり学ぶのだそうだ。

アベノミクスと日本の金融政策を議論する回では、授業の冒頭、日本の経済成長を物語る写真が次々にスクリーンに映し出される。最初は焼け野原のなかに女の子が一人たたずんでいる写真。そこから高度成長を経て、現在の日本に至るまでの様子が次々と写真で紹介される。とくに終戦直後の写真をみた学生たちは「日本にもこんな時代があったのか」とビックリするのだという。

前出の二年生、杉本さんは次のように解説する。

「授業の目的は、日本の金融政策を学ぶことだけではなく、リーダーの意思決定プロセスを学ぶことだと思います。前半一時間くらいかけて、日本経済の構造そのものについて議論し、後半十五分くらいでアベノミクスについて議論します」

ハーバードでは日本の金融政策の歴史を四つの時代に分けて学ぶ。

1. 戦後の高度経済成長（一九五〇〜六〇年代）
2. オイルショックとドルショック（一九七〇年代）
3. プラザ合意とバブル時代（一九八〇〜九〇年代）
4. 失われた二十年（一九九〇年代〜）

教える教授によっても若干、違うが、日本の戦後の金融政策は次のように要約される。

戦後、日本は、「東洋の奇跡」と呼ばれるほどの経済成長を遂げた。資源に恵まれた国ではないにもかかわらず、ここまで成長できた要因は、日本人の国民性と優れた政治経済システムにあった。

一九七〇年代のオイルショックとドルショックを経ても、日本経済は製造業を中心に飛躍的に成長しつづけた。「安かろう悪かろう」といわれていた日本製品は、やがて高品質の象徴となり、アメリカ製品を脅かすほどとなった。

一九八〇年代、プラザ合意、ルーブル合意を経て、日本はバブル時代へ突入。プラザ合意とは、一九八五年九月二十二日に「G5（当時）先進五カ国蔵相・中央銀行総裁会議」（ニューヨーク・プラザホテル）で討議されたドル高是正のための一連の合意事項を指し、ルーブル合意とは、一九八七年二月二十二日に「G7（当時）先進七カ国蔵相・中央銀行総裁会議」（パリ・ルーブル宮殿）で討議された為替レートの安定化（ドル安の歯止め）に関する合意事項をいう。

プラザ合意後、ドル高は是正されたが逆に過度なドル安が進み、ルーブル合意でドル安の歯止めをかけることとなった。ルーブル合意以降、為替相場は総じて安定することとなったものの、円高不況に対する懸念から、日本銀行は低金利政策を継続した。その結果、企業が円高メリットを享受しはじめ、国内景気は回復に転じた。その結果、バブル時代へと突入するわけである。

ところが一九九〇年代前半にバブルは崩壊し、株価が暴落。その後、政府と日本銀行によってさまざまな金融政策がとられるが、大きな効果は得られず、〝失われた二十年〟を迎える。

アベノミクスについて議論する前に金融政策について一時間近く議論するのは、この歴史部分を学ぶことに非常に意義がある、と考えている教授が多いからだ。とくに戦後の高度成長期については、授業で「人類史上に残る奇跡的復興」と絶賛した教授もいたという。

「ビジネス・政府・国際経済」を長らく教えてきた前出のフォレスト・ラインハート教授は、日本の過去の経済成長要因を分析する意義を力説する。

「なぜ日本は奇跡的な経済成長を遂げることができたのか。その要因を学べば、学生は、発展途上国の経済成長にさらに貢献することができます。世界には戦後の日本と同じように貧困に苦しんでいる人々がたくさんいます。数千万人もの人々が、『日本人のように経済を復興させて、豊かな生活を送りたい』と願っているのです」

日本の戦後の成長要因に目を向けるべきだ、と考えられているのは、それが新興国から来ている学生にとっても「希望」となるからだ。

研究分野によって異なる教授陣の見解

日本人はなぜ「人類史上に残る奇跡的な復興」を遂げることができたのか。

一国の産出高の成長は、一般的には、(1)人口または労働力の成長、(2)資本の成長、(3)技術革新、の三つの要因の合成された結果、と考えられている。

しかし実際に何が経済成長の要因となるのか、というのは複雑であり、適切な財政・金融政策、企業間の競争を維持させる産業政策、安定した労使関係、さらに技術開発や労働力の質に関わる教育水準など、その要因は広範囲にわたる。ハーバードの教授に日本の経済成長要因を聞いても、研究分野によって違った答えが返ってくる。

たとえばマーケティングや戦略を研究するジョン・クエルチ教授（John A. Quelch）は、「安い労働力」を強調し、経営史を研究するジェフリー・ジョーンズ教授は「日本には素晴らしい起業家と企業集団というシステムがあり、それを強みに絶妙なタイミングで世界に進出したこと」だという。

政治経済学を教えるフォレスト・ラインハート教授は、社会制度に注目する。

「政府主導によって資本を民間企業に配分する経済システムをつくったことが最も大きな原動力になったと思います。とくに中心的な役割を果たしたのが大蔵省と通商産業省（ともに当時）です。特定の産業や企業に対して低利融資を行ったり、補助金を付与したりすることによって、産業政策を推進していきました」

日本は明治維新後、第二次世界大戦後と、過去二回も社会制度をつくり直してきた国だ。そのたびに日本人は欧米から〝日本にとってよい制度〟を取り入れながら、独自の社会制度を築き上げてきた。政府主導による経済復興システムもその一つだ。

明治時代、日本が参考にしたのはドイツの成長モデルだった。ハーバード大学のエズラ・F・ヴォーゲル名誉教授も、次のように述べている。

能力主義によって選抜された官僚が、さまざまな分野における近代化の旗振り役となった。郵便局や銀行が預貯金を集め、これらの資金は国家の発展のための重点分野に注ぎ込まれた。

（『ジャパン アズ ナンバーワン』エズラ・F・ヴォーゲル著、広中和歌子、木本彰子訳、阪急コミュニケーションズ）

戦後、社会制度の変革が行われるなかでも、中央集権的システムによって産業を復興させるという制度は変わらなかった。財閥解体を経たあと、三菱、三井、住友など企業集団が形成され、メインバンクはグループ会社に効率的に資本を融資し、総合商社はグループ全体の輸出事業の拡大に貢献した。

この日本型成長モデルは、その後、世界の国々に大きな影響を与えた。ハーバード大学のアマルティア・セン教授（厚生経済学）は、アジアにおける日本の役割を高く評価している。

日本はアジアの経済モデルになった。韓国や台湾、香港、シンガポール、中国も続いた。市場経済のインセンティブを持ちつつ、国が教育や医療、健康保険を与える組み合わせは功績大だ。

（『日本経済新聞』二〇一五年八月六日付）

日本の官僚の高い倫理観が腐敗を防いだ

日本型モデルに追随した国が、すべて経済成長に成功したわけではなかった。なかにはモデルを悪用して、失敗した国もあった。ラインハート教授はいう。

「『日本は政府主導で資本を配分することで成長したから、我が国も同じようにやります。専用の省庁をつくって、権限を集中させて、政府が自由に資本を配分できるようにします』といって、日本モデルを口実にお金と権限を中央に集中させたのです。その結果、多くの政府関係者が私腹を肥やすこととなり、多額の資金がムダに使われてしまいました」

戦後、日本政府の政治的決断を行ってきたのは二つのエリート層だ。一つは政治家グループであり、もう一つは高級官僚のグループだった。

強い影響力をもちながらも、日本の官僚が腐敗しなかったのはなぜか。

ラインハート教授は、資本を配分する側＝官僚の倫理観が高かったからだ、という。日本の官僚は客観的な市場データに基づいて、資本を配分した。「私の義理の弟が役員をやっている会社だから融資しよう」などと、私利私欲を満たそうとはしなかったのである。私益よりも公益を優先するのは、日本人の官僚にとっては当然のことであった。

それではなぜ、そのような倫理観を身につけることができたのか。それは明治時代以来、日本の官僚が社会から尊敬される存在だったからだ。国のために働くのは名誉なことであり、ステータスの象徴でもあった。ラインハート教授は続ける。

「優秀な人材には、相応の地位、名声、報酬が必要です。とくに社会的なステータスが高い、というのは非常に重要な要素です。それが私益ではなく、公益のために働く動機づけとなるからです。日本の官庁が優れた人材を確保してきたからこそ、限られた資本を有効に配分できたのだと思います」

日本と同じようにシンガポールや韓国でも、官僚の社会的地位が高いのだという。

前出のエズラ・ヴォーゲル名誉教授は、フランスと日本の官僚を比較し、フランスの官僚が腐敗したのは、エリート官僚が大衆からかけ離れた存在になってしまったからだ、という。日本の官僚は民間人との距離が近かった。その結果、世論や有識者が「官僚のお目付役」として機能し、他国の官僚のように腐敗しなかったのだ、と指摘する。

日本の官僚はそれなりの権限をもってはいるが、その職権をむやみに濫用できるほどではないのである。（中略）官僚には基本的には命令を下す権限はないのである。たとえば情報を収集するさいも、民間の自発的な協力を待たねばならないし、したがって日本の官僚はフランスの官僚よりも民間人の考え方に敏感にならざるを得ないのである。

（前掲書）

中央集権的な経済システムを模倣するだけでは、経済成長は達成できない。質の高いリーダー層とそれに協力する国民があって、初めて奇跡的な経済成長は可能になる。

さて、政治経済学の部門では、「日本の官僚制は経済成長に大きな役割を果たした」というのが一般的な見方だが、他の部門の教授に聞くと「そんなことを聞いたら、当時、政府の規制に苦労したホンダやソニーの社員は、苦笑いをするのではないか」といっていたから、ハーバードのなかでも部門によって意見が違うということは付け加えておく。

アメリカとの違いを研究する政治経済学の教員としては、「トヨタが優れていた」「ホンダが優れていた」と結論づけてしまうと日本を研究する価値がなくなってしまう。そこで、官僚制や社会制度がクローズアップされている、というわけである。

アメリカの金融危機を救った日本の金融政策

日本の戦後の経済成長モデルがアジア各国に影響を与えたのは前述のとおりだが、じつは、バブル崩壊後の日本の金融政策からアメリカが多くを学んでいたことは、あまり知られていない。

二〇〇八年に「KINYUSEISAKU：日本の金融政策（A）」という教材を出版したローラ・アルファーロ教授（Laura Alfaro）は、のちに教材を読んだ同僚たちから驚かれたという。その年に起こった世界的な金融危機が、日本のバブル崩壊時と非常に似ていたからだ。

二〇〇八年九月の金融危機発生後、米連邦準備制度理事会（FRB）のベン・バーナンキ議長（当時）は大規模な金融緩和を決断した。FRBは、二〇〇八年十一月から二〇一三年十二月までのあいだに三段階にわたり、三兆五〇五〇億ドル（現在の為替レートで約四二一兆円）にのぼる大規模な量的緩和策を講じたのだ。その二分の一にあたる一兆七二五〇億ドル（約二〇七兆円）は、危機直後の二〇〇八年十一月から二〇一〇年六月に投入されている。[9]

アルファーロ教授はいう。

「バーナンキ議長は日本から多くを学んだと思います。アメリカが日本と同じような金融危機に直面したとき、バーナンキ議長がベンチマークとしたのは『日本がどう対応して、その結果どうなったか』でした。バーナンキ議長の政策に日本の金融政策は大きな影響を与えたと思います」

バーナンキ議長は、バブル崩壊直後の量的緩和は不十分だったと考えた。そこで日本銀行が二〇〇一年から二〇〇六年まで行ったような量的緩和とフォワードガイダンス（中央銀行が将来の金融政策の方針を前もって表明すること）をすぐに実施したのだ。その緊急対策が功を奏し、アメリカ経済は急速に回復した。

なぜ日本はバブル崩壊時に、大規模な量的緩和に踏み切れなかったのか。アルファーロ教授は次のように解説する。

「あとから振り返って、『日本もあのとき、もっと量的緩和を実施すればよかった』というのは簡単です。でも日本の金融政策を研究してきた私には、そう踏み切れなかった理由もよくわかります。戦後の日本の金融史はインフレとの戦いでした。一九七〇年代にはインフレ率（消費者物価上昇率）が二〇パーセント超にまで上昇するほどだったのです。インフレになることを何よりも恐れていたのです。九〇年代後半、日本銀行の独立性が確保されたのも、インフレを抑制するためでした。日本がインフレに対する恐怖を克服するには、ある程度の時間が必要だったのだと私は思います」

アルファーロ教授によれば、「デフレよりもインフレが怖い」のはアメリカも同じだという。現在も世界中の国々でハイパーインフレが生じているし、アメリカの金融史もまたインフレとの戦いだったからだ。アメリカが過去に量的緩和を行った事例は、一九三〇年代の大恐慌時にまで遡る。

「アメリカが大胆な量的緩和に踏み切れたのは、バブル崩壊後の日本の金融政策と大恐慌という二つの事例があったからです。日本が金融危機に陥ったときには、大恐慌しか事例がありませんでした。すぐに量的緩和を実施できなかったのも無理はないと思います」

アルファーロ教授が執筆した「KINYUSEISAKU：日本の金融政策（A）」は数年前まで必修授業の教材として使われていたが、現在は選択科目とエグゼクティブプログラムで教材として使われている。奇跡的な復興と、長きにわたる経済停滞の両方を経験している国は日本しかない。日本の金融政策から学ぶことはたくさんあるという。

イデオロギー論争をしないハーバードの学生たち

二〇一五年現在、必修授業「ビジネス・政府・国際経済」で使われているのは、「日本：インフレに賭ける？」という題名の教材だ。戦後から現在に至るまでの日本の金融政策が簡潔に書かれているが、アルファーロ教授の教材よりも、アベノミクスと政治的な問題に焦点が当てられた内容となっている。「慰安婦」「南京大虐殺」の問題が、日韓、日中間でいまだに外交問題となる現実にも触れられている。

なぜ、そこまで踏み込んで書かれているかといえば、この授業では、「あなたが安倍首相だったらどうするか」を議論しなくてはならないからだ。

繰り返しになるが、ハーバードは会社の社長だけではなく、国の大統領や首相の養成機関でもある。そのため金融政策についても、日本国の首相になったつもりで考えなくてはならない。一国のリーダーが金融政策を決断するには、当然のことながら、歴史的な背景、外交、内政まですべて把握しておく必要がある。

前述のとおり、二〇一五年四月、安倍首相がハーバード大学で講演を行った際、学生による抗議行動があり、講演後の質疑応答でも、慰安婦問題について質問をする学生がいた。経営大学院の授業でも、日本を批判する発言を繰り返す学生はいないのだろうか。

何人かの日本人留学生や卒業生に聞いてみたところ、「授業でそういう感情的な議論になることは一切ない」とのことだった。

経営大学院で学んでいる韓国人や中国人は、どちらかといえば「アメリカ人に限りなく近い人たち」が多いのだそうだ。政治よりもむしろビジネスに関心があるので、実用的に物事を判断する傾向がある。イデオロギー論争を繰り広げたところで、ビジネスには何のプラスにもならない、と考える。

　それよりもハーバードの学生が興味をもっているのは、果たして日本経済はほんとうに再生するのか、という点だ。世界の先進国のなかで、二十年以上も経済が停滞している国は日本だけ。経済成熟国の象徴ともいえる日本で「三本の矢」は功を奏するのか、自分だったらどういう金融政策をとるかなどを議論する。いうまでもないが、アベノミクスの「三本の矢」とは、大胆な金融政策（第一の矢）、機動的な財政政策（第二の矢）、そして民間投資を喚起する成長戦略（第三の矢）のことだ。前出の杉本さんと向山さんが受けた授業では、こんな意見が相次いだ。

「先進国が労働人口を増加させるためには、移民の受け入れが効果的なのだから、日本も検討したほうがいいのではないか」

「女性の活用や出生率の向上のための政策にもっと注力したほうがよい」

「日本企業の強みであるイノベーションや研究開発を活性化するべきだ」

　日本経済を再生させるにはどうしたらいいか。学生たちは一時間もかけて真剣に議論する。過去の成功も失敗も含めて、日本の金融政策から学べるものはすべて学ぼう、というのが彼らの一貫した姿勢なのだ。

アベノミクスは再びアメリカの模範となるか

アベノミクスについては、ハーバード大学の教授間でもさまざまな意見がある。

日本の優れた経済社会モデルと、欧州のように財政を緊縮する最近までのひどい経済政策は分けてみるべきだ。安倍晋三首相が縮小均衡から方向転換したのは正しい。だが「人が中心」という価値観を変える必要はない。日本の経済や社会が崩壊するといったデマには動じるべきではない。

（アマルティア・セン教授、『日本経済新聞』二〇一五年八月六日付）

日本がこれまで低金利だったのは非常に幸運なことだ。だからこそ今の政策は危険な方向なのだ。長期にわたりインフレを約束する政策は金利上昇を招き、利払いの増加で財政再建を難しくする。

（マーティン・フェルドシュタイン教授、『日本経済新聞』二〇一三年二月十七日付）

両氏ともにハーバード大学経済学部の教授だが、経営大学院の教授陣はどのように考えているのだろうか。

数年前まで、授業でアベノミクスを教えていた前出のデビッド・モス教授は、次のように評価する。

「現在、安倍首相は、大胆な金融政策を推進しようとしています。日本経済における安倍首相の功績は大きいと思いますし、安倍政権の政策そのものも正しいと私は評価しています。ただとても残念なのは、こうした金融政策が、バブル崩壊後、二十年以上も経ってから実行されていることです。ほんとうはバブル崩壊直後に行うべき政策であった、と思います。金融危機対策は発生から数週間、数カ月間が勝負。このスピードがその後の経済回復に大きく影響してきます」

前出のローラ・アルファァーロ教授はいう。

「政策そのものが間違っているとは思いません。安倍政権が実施しようとすることを私は非常に高く評価しています。ところが実行が伴っていない部分が見受けられます。『言うは易く行うは難し』なのはわかりますが、構造改革を本気で実行すべきだと強く思います」

アメリカは日本の金融政策から徹底的に学び、金融危機から立ち直った。今後、アメリカ経済が長らく停滞したとき、参考にするのは日本のアベノミクスなのかもしれない。

「日本人はもっと楽観的になったほうがいい」

ハーバードの教授陣は、現在の日本経済をどのように評価しているのだろうか。話を聞くと、意外に楽観的にみていることに気づく。では、なぜ国内ではネガティブな意見が目立つのか。ジェフリー・ジョーンズ教授は、日本人が、株価・不動産の下落、高齢化社会、中国の急成長など「目につきやすいもの」に過剰に影響されていることを指摘する。

最も大きなきっかけとなったのはバブル崩壊です。一九九〇年代前半、不動産の価格、株価はともに暴落しました。数字が下落していくのを目の当たりにすれば、悲観的になるのも当然です。さらに日本が高齢化社会であることも影響しています。ただ私が日本の皆さんに注目してほしいのは、その停滞の程度です。皆さんが思っているほど、日本経済は〝悪くない〟のです。

日本人はもっと楽観的になったほうがいいと思います。たしかに自国を批判的にみる傾向は他の国でもみられます。日本人とドイツ人は内省的で、〝自分に厳しい〟のです。とくに日本には「謙遜の精神」がありますから無理もありません。日本人が悲観的になる気持ちもわかりますが、悲観主義が経済成長の妨げとなっていることを理解してほしいと思います。

近隣諸国の経済成長が目覚ましいことも悲観論を助長している。国内外のメディアは、「中国と比べて日本は全然成長していない」「日本のGDP（国内総生産）は中国に抜かれた」など、どうしてもネガティブな面を強調しがちだ。

デビッド・モス教授は、いまの日本を十八世紀後半のイギリスになぞらえる。

アダム・スミスが一七七六年に『国富論』を発表したとき、イギリスはまさに世界でも類をみないほどの経済成長を遂げようとしていました。にもかかわらず、人々は「イギリスの時代は終わった。イギリス経済は落ち目だ」と口々にいっていました。なぜそんなふうに考えたのか。『国富論』は素晴らしい洞察を与えてくれます。「最も古い産業や地域というのは、最も人々の目にさらされやすいからだ」と。

しかも、歴史の長い産業や国というのは、たいてい衰退しつつあるものです。ところが新しい産業や新興国というのは、どんなに活気があっても、世の中に知られる機会が少ない。まだまだ経済成長しそうな国であっても、衰退しつつあるようにみえてしまう、というのは、十八世紀後半のイギリスだけではなく、現在の日本にも当てはまるのではないかと思います。日本や日本の伝統的産業は、長い歴史をもつぶん、人々からも注目され、問題が目につきやすい。実際にはそのなかから、新しいエネルギーも湧き出しているのですが、それがよくみえないために、人々は過度に否定的な将来図を描いてしまうのだと思います。

日本の金融政策が専門のローラ・アルファーロ教授は、別の側面から「日本経済は悪くない」という。

経済停滞しているといわれる日本で、街、建物、インフラが荒廃していないのが不思議でなりません。一九八〇年代に債務危機に陥ったラテンアメリカの国々では、あらゆる公共施設が老朽化しています。たとえばブラジルのリオ・デ・ジャネイロには、「一九六〇年代のままではないか」と思うような地域がたくさんあるのです。

これだけ長く経済停滞を経験している国に共通していえるのは、「メンテナンスに予算をかけられないため街が荒廃する」ということです。ところが日本ではそうした現象はみられません。日本のGDPや国民所得計算は、他国と違った算出方法を使っていて、低めに算出されているのではないか、と感じています。

最後にモス教授は締めくくる。

日本に問題がないとはいいません。問題があるのは事実です。しかし、日本の人々が思っているよりも、はるかに日本経済は強い、と私は信じています。日本の強みは、結果的に弱点を凌《しの》ぐほどの威力を発揮してくれるはずです。長期的にみれば、日本の将来は明るいと私は思います。

[7] http://www.kantei.go.jp/jp/97_abe/statement/2015/0427speech.html
[8] https://www.youtube.com/watch?v=NBWgvkRJ75c
[9] http://www.meti.go.jp/report/tsuhaku2014/2014honbun_p/pdf/2014_01-01-02.pdf

第4章

戦略・マーケティング

日本を代表する製造業からIT企業まで

日本企業で最も売れた教材はホンダ

全教材のなかでも第一〇位にランクイン

ハーバードの「経営戦略」の授業で、長年、教えられてきたのが本田技研工業（以下、ホンダ）の事例だ。教材の初版は一九八〇年代前半に書かれているにもかかわらず、いまだに必修科目で教えられている。

ケースを教員向けに販売しているNPO法人「ケースセンター」によると、過去四十年間で最も売れた日本企業の教材は、「ホンダ（A）」。全教材のなかで第一〇位にランクインしている[10]（二〇一三年発表）。

なぜホンダの事例は、三十年以上にわたって、ハーバードの戦略の授業の定番となっているのか。実際に授業で使用されているのは、「ホンダ（A）」と「ホンダ（B）」という二つの教材。ともにリチャード・パスカル教授（オックスフォード大学）らが「ホンダは一九七〇年代、なぜアメリカ市場で成功することができたのか」を分析したものだ。

ホンダは一九五九年にアメリカに進出。一九七四年にはアメリカのオートバイ市場の四三パーセントを占めるまでに成長した。この十五年間を過去データから分析して、成功の秘訣を繙こうというものである。

「ホンダ（A）」は、経営コンサルティング会社、ボストンコンサルティンググループ（BCG）の分析が基礎となっている。

一九七五年、BCGはイギリス政府からの依頼で「イギリスのオートバイ産業にとっての代替戦略」という報告書をまとめた。一九七〇年代、ホンダをはじめとする日本企業の台頭によって、イギリスのオートバイメーカーのアメリカ市場でのシェアは四九パーセント（一九五九年）から九パーセント（一九七三年）にまで落ち込んでいた。

そこでイギリス政府は、BCGにホンダの何が優れているのかを調査するよう、依頼したのである。

報告書には、経験曲線に応じた価格の推移、市場シェアの推移など、BCG流のグラフや表がたくさん掲載されている。「いかにホンダが素晴らしい競争戦略で、アメリカ市場を制したか」が論理的に語られているのである。

ところが、この説にパスカル教授らは疑問をもった。「ホンダのアメリカ進出はどうみても論理的に考えた結果とは思えない」と考えたのである。そこで実際にホンダの役員にインタビューを行うことにした。

すると、ＢＣＧの分析は結果論であって、ホンダは欧米流の合理的な戦略を描いてアメリカに進出したわけではないことがわかったのである。ホンダは、アメリカの潜在市場がどのくらいか、どのようなニーズがあるかなどを事前に把握していたわけではなかった。進出してからまったく意図していなかった方法で成功した、というのが実態だったのだ。

ホンダの成功は、偶然や現場学習の積み重ねによって、達成されたものだったのである。

このパスカル教授らの実地調査に基づいて書かれたのが、「ホンダ（B）」である。前述した創業者、本田宗一郎の豪快な一面も、「ホンダ（B）」のほうに記されている。

こうして同じ現象を、まったく違った側面から分析した「ホンダ（A）」と「ホンダ（B）」が誕生した。このケースは二つでセットとして、三十年以上にもわたって世界中の経営大学院で使用されている。

ハーバードでは「経営戦略」の授業の最終講義で、いわば「トリ」として使われている重要なケースだ。

アメリカ進出時に「論理的な戦略」はなかった

一九四八年に創業後、瞬く間に国内のオートバイ市場を制したホンダ。本田宗一郎は、創業当初から「世界一」をめざしていた。

「一度優秀な外国製品が輸入されるとき、日本だけの日本一はたちまち崩れ去ってしまいます。世界一であって初めて日本一となり得るのであります」(『ホンダ月報14号』一九五二年十月発行)

「世界一であってこそ日本一」をモットーに、ホンダは一九五九年、まずアメリカ市場に進出する。ヨーロッパや東南アジアも考慮したが、最終的にホンダが海外進出先として選んだのはアメリカだった。

その決定を下したのは、藤澤武夫専務(当時)だった。

「資本主義の牙城《がじょう》、世界経済の中心であるアメリカで成功すれば、これは世界に広がる。逆にアメリカでヒットしないような商品では、国際商品になりえない。やっぱりアメリカをやろう」(『本田宗一郎 夢を力に 私の履歴書』本田宗一郎著)と主張したのだ。

主力商品は、ドリーム（２５０cc・３５０cc）とベンリイ（１２５cc）。日本で発売されたばかりのスーパーカブ（アメリカ名・Ｈｏｎｄａ50）も加えられ、販売目標は月間一〇〇〇台だった。

アメリカン・ホンダ・モーター（以下、アメリカン・ホンダ）の日本人従業員はわずか八人。しかも大蔵省（当時）の外貨持ち出し規制により、現金が持ち出せず、ロサンゼルスに事務所を購入したら運転資金は二〜三万ドルしか残らなかった。

そのうえ、アメリカのオートバイ市場は日本ほど成長していなかった。年間需要は約五〜六万台程度。日本の一〇分の一だ。クルマ社会のアメリカで、オートバイは、革ジャンを着たアウトローの乗り物であり、大衆が利用するものではなかった。オートバイを売るディーラーも少なく、販売体制も一からつくらなくてはならなかった。

このようにホンダは、ヒトもカネも市場もないなか、果敢にアメリカに進出したのである。そこに、ＢＣＧが分析したような「論理的な戦略」などなかったのだ。

アメリカン・ホンダが営業活動を開始して三カ月。総販売台数はわずか一七〇台余り。当初の目標である月間一〇〇〇台には程遠い状況だった。

そんななか、悪いことは続く。アメリカン・ホンダの主力商品であるドリーム、ベンリイに搭載されているエンジンが過熱で焼きつく、というトラブルが発生したのだ。ホンダのオートバイは、アメリカのハイウェーを長時間走行することを前提としてつくられていなかったからである。一五〇台余りのオートバイを修理することとなり、残りの商品もすべて日本に送り返して修理することになった。

ドリーム、ベンリイが販売できなくなったアメリカン・ホンダに残されたのは、スーパーカブだった。日本では人気だったスーパーカブだが、アメリカでは注力してこなかった商品だ。大きさ、馬力、スピードを重視するアメリカ人に、スーパーカブは売れないだろうと思っていたからである。

そんな逆境のなか、奇跡が訪れる。

当時、アメリカン・ホンダの日本人社員は、よく気晴らしにスーパーカブに乗ってロサンゼルスの丘陵地帯をツーリングしていた。それをみかけた人々から、「この小さなバイクはどこで買えるのか」と聞かれるようになったのだ。商品によって、新たなニーズが掘り起こされたのである。それを機に、スーパーカブでツーリングをしたいという人が増えつづけ、スーパーカブはオフロードバイクとしての人気を高めていった。

その後、アメリカン・ホンダは、独創的な営業とマーケティング戦略を展開する。

スーパーカブを売ってくれる販売店がなかったため、既存のスポーツ用品店に置いてもらうことにした。

広告費がなかったため、大学生が授業で考えた「素晴らしい人々、ホンダに乗る」というスローガンをそのまま採用した。

逆境のなかで打つ戦略、打つ戦略が功を奏し、スーパーカブは空前のヒットを記録した。それまでバイクに乗ることのなかった大学生、女性などを新たな顧客として取り込み、一九六一年五月には、月間販売台数一〇〇〇台を突破した。

アメリカン・ホンダは、偶発的な出来事を最大限に生かして、チャンスをものにした。現場のニーズに応じて戦略を柔軟に変えていったことが勝因であり、決して机上で論理的に考えた戦略が功を奏したわけではなかったのである。

ポーター流「意図的戦略」か、ミンツバーグ流「創発的戦略」か

「ホンダの事例は、二つの重要な経営戦略を学ぶために使われています。『ホンダ（A）』からは『意図的戦略』、『ホンダ（B）』からは『創発的戦略』を学びます。机上だけではなく、

現場から得られる新たな発見を戦略に組み込み、再構築することが重要である、ということをホンダの事例は象徴しているのです。授業では、どちらが正しいかを考えるのではなく、二つの戦略策定プロセスをリーダーとしてどのように生かすかを議論していきます」

と前出の杉本さんはいう。

「意図的戦略」とは、簡単にいってしまうと机上で考える戦略のことだ。経営コンサルティング会社や経営企画室が、市場の客観的データをもとに考える戦略、といえばわかりやすいだろうか。あれこれと分析して、グラフやマトリックスなどに落とし込んで、「こうしたほうがよい」という戦略を導き出す。

意図的戦略の大家として君臨しているのが、ハーバードのマイケル・ポーター教授だ。欧米の大企業では、意図的戦略をトップダウンで現場に浸透させるのが、一般的となっている。

一方、「創発的戦略」は、現場からボトムアップで生まれてくる戦略のことだ。現場のニーズに応じて戦略を柔軟に変更し、ときには逆境も偶発的な出来事もチャンスにしてしまう。頭で考えただけでは思いつかないような戦略だ。

この戦略論で有名なのが、カナダのマギル大学経営大学院のヘンリー・ミンツバーグ教授。ホンダの事例が物語るように、日本企業が圧倒的に得意なのは、この創発的戦略のほうである。戦後の日本企業の躍進は、ほぼこの創発的戦略、つまり現場からの発想によるところが大きい。

よく、マイケル・ポーター流の意図的戦略とヘンリー・ミンツバーグ流の創発的戦略、どちらを導入するのが正しいのか、と議論されることもあるが、実際のところ、両方をうまく取り入れるのが理想といわれている。ハーバードの授業で両方学ぶのはそのためだ。

さて、ホンダの話には、後日談がある。

世界的な経営コンサルティング会社のなかで、最も早く日本に進出したのはBCGだが、一九八一年、その最初の顧客となった日本企業がホンダだった。ホンダは欧米流の意図的戦略も必要だと考え、いち早く取り入れたのである。

当時、BCGでホンダを担当していた堀紘一氏は次のように振り返っている。

今でもつくづく思うのだが、こうした先見性が、ホンダという会社のすごいところだ。私もさまざまな企業を見てきたが、当時のホンダのトップは、日本的なサラリーマン経営者とは考え方が全く違っていた。

（『コンサルティングとは何か』堀紘一著、ＰＨＰビジネス新書）

本田宗一郎は、のちに市場調査の意味を認めつつも、やはり、それだけではダメだ、と述べている。

市場調査は、ある意味で有効だと思う。たとえば、既成の製品の評判を探ろうという場合である。だからといってそれを基礎に改良品を出して売れるかといえば、それは判らない。（中略）大衆が双手《もろて》を挙げて絶賛する商品は、大衆のまったく気のつかなかった楽しみを提供する、新しい内容のものでなければならない。

（『やりたいことをやれ』本田宗一郎著、ＰＨＰ研究所）

アメリカ人の気のつかなかった楽しみを提供する製品。それがスーパーカブだったのである。

一九八〇年代のホンダの躍進をみれば、ハーバードが「二つの戦略をうまく取り入れるのが理想」と教えているのも納得なのだ。

〝場を提供する〟ビジネスに挑む六本木ヒルズとグリー

「マルチプラットフォームビジネス」とは何か

ハーバードの授業で取り上げられる日本関連の事例には、長年教えられている定番事例（トヨタ、ホンダなど）と、最新事例（グリー、全日本空輸など）がある。

後者の最新事例のほうを追いつづけているのが、戦略部門に属するアンドレイ・ハジウ准教授（Andrei Hagiu）だ。

ハジウ准教授は、二〇〇四年から二〇〇五年まで日本の独立行政法人経済産業研究所（RIETI）の研究員を務め、任天堂、グリー（GREE）、森ビル（六本木ヒルズ）など、日本企業についての教材を数多く執筆している。

ハジウ准教授はマルチサイドプラットフォーム研究の第一人者として知られている。マルチサイドプラットフォームビジネスとは、複数の利用者が直接取引できる場を提供するビジネスのこと。その形態は技術、製品、サービスなどさまざまだが、売り手と買い手が自由に売買できる場所とシステムを提供し、その利用料や広告料で儲けるビジネスだ。

この「場」を提供するビジネスを展開している代表的な企業としては、グーグル、フェイスブック、楽天、任天堂（Wii）、ソニー・コンピュータエンタテインメント（プレイステーション）などがある。

ごらんのとおり、IT系、ゲーム系の企業ばかりだが、独創的なマルチサイドプラットフォームビジネスとして異彩を放っているのが、東京・港区にある複合施設、六本木ヒルズだ。多くの企業がオンライン上にプラットフォーム（場）を設けているのに対し、六本木ヒルズはリアルな世界で「場」を設けているのが特徴的である。

六本木ヒルズには、オフィス、小売店、レストラン、テレビ局、映画館、美術館、マンション、買い物客、アーティスト、広告主など、多彩な利害関係者がいて、六本木ヒルズという場の上で、多くのビジネスを展開している。しかも、それをすべて実際に自分の目でみることができる。その特殊性もあって、この事例はハーバードでも人気を集めているのだという。

「私は経営大学院の教員ですが、二〇〇七年からハーバード大学デザイン大学院のエグゼクティブプログラムでも定期的に教えています。六本木ヒルズの事例は毎年、参加者からとても評判のよいケースです」

とハジウ准教授はいう。

六本木ヒルズの最上階に美術館がある理由

ハジウ准教授は、「六本木ヒルズはショッピングモール界のアップルだ」という。その理由は二つ。一つは、プラットフォーム全体を貫くビジョンがあること。そしてもう一つが、美に対するこだわりが感じられることだ。

六本木ヒルズが他の複合施設と一線を画しているのは、プラットフォームの提供者としての森ビルが、六本木ヒルズ全体のビジョンをコントロールしている点にあるという。

通常、ショッピングモールのオーナーは、小売店に場所を貸し出すだけだ。十年間くらいの賃貸契約を結んで、あとはすべて小売店任せ。どんな内装にするか、どんな商品を売るかなどについて口を出したりはしない。ところが六本木ヒルズは違う。森ビルがテナントに対して、「六本木ヒルズとしての戦略」に従うよう、さまざまな要望を出す。

ハジウ准教授は、次のように説明する。

「たとえば、六本木ヒルズの映画館で『パイレーツ・オブ・カリビアン』のプレミア上映が予定されているとしましょう。六本木ヒルズ全体でこのイベントを盛り上げたいということになれば、その週は、小売店もレストランも『パイレーツ・オブ・カリビアン』一色になります。関連グッズを売ったり、関連メニューを提供したりしなくてはならないのです」

ビジョンを徹底的に貫く姿勢がアップルに似ている、というわけである。

もう一つのアップルとの類似点は、プラットフォーム全体に「美的センス」が漂っていることだ。アップルの創業者スティーブ・ジョブズが、文字のフォントの美しさにまでこだわっていたというのは有名な話だが、同じような美へのこだわりが六本木ヒルズから感じられるという。

その象徴が、森タワーの最上階にある森美術館だ。経済的に考えれば、最上階は最も高い賃料を払ってくれそうなテナントに貸すのがベストである。ところがここに儲からない美術館を設ける、というのはいかにも日本人らしい発想で、合理的に物事を考える欧米人には斬新に映るのだそうだ。

ハジウ准教授はいう。

「私は世界中のマルチサイドプラットフォームを研究していますが、いまだに六本木ヒルズと似たような例はみつかっていません。六本木ヒルズには森ビルが描く全体ビジョンがあり、それゆえに独自の地位を築いているのです」

学生たちが熱心に議論するグリーの事例

アンドレイ・ハジウ准教授がハーバードで教えているもう一つの最新事例が、日本のゲーム企業「グリー」のアメリカ進出についての事例だ。グリーのケースは、二年生の選択科目「戦略とテクノロジー」という授業で登場する。

「グリーの事例は、学生のあいだでとくに熱心に議論される事例です。なぜなら現在、グリーと同じように既存のプラットフォームの上に自分たちのプラットフォームを乗せてビジネスを拡大しようとしている企業がたくさんあるからです。日本のＬＩＮＥ、アメリカのワッツアップ（WhatsApp）、中国のウィーチャット（WeChat）などがその典型的な例です」

とハジウ准教授。

ハーバードの学生は卒業後、起業する人も多い。一年目の必修科目には起業の授業も実習もある。起業実習で学生が提案するビジネスも、ほとんどがＩＴ関連の事業だ。彼らにとって、グリーの創業からアメリカ挑戦までの物語は、他の日本の事例よりも身近に感じられるものなのかもしれない。

日本の最先端モバイルゲーム企業といえば、ディー・エヌ・エー（ＤｅＮＡ）やガンホー・オンライン・エンターテイメント（ＧｕｎｇＨｏ）もある。なぜ、あえてグリーについて執筆することにしたのだろうか。ハジウ准教授はいう。

「私がグリーを選んだのには、明確な理由があります。それはグリーが日本で『プラットフォーム』として成功していた会社だったからです。そこが他のゲーム開発会社との大きな違いです。グリーはかなり早い段階から世界進出をめざしました。しかも、ゲーム開発会社ではなく、プラットフォームとして進出しようとしました。日本での成功体験をもとに、国外でも、ユーザーと他のゲーム会社を結びつけるためのプラットフォームを提供しようとしたのです」

ここでいうプラットフォームとは、六本木ヒルズの項でも説明した「マルチサイドプラットフォーム」のことだ。

繰り返しになるが、マルチサイドプラットフォームビジネスとは、複数の利用者が直接取引できる場を提供するビジネスのこと。その形態は技術、製品、サービスなどさまざまだが、売り手と買い手が自由に売買できる場所とシステムを提供し、その広告料や利用料で儲けるビジネスだ。

グリーは二〇〇四年、当時、楽天の社員だった田中良和氏が設立した会社だ。趣味の延長上でソーシャルネットワーキングサービス（SNS）を提供するサイトを運営していたところ、利用者が急増。そこで会社を創業し、本格的にサービスを展開したのである。

SNSとして始まったグリーはその後、モバイルゲーム事業に主軸を移す。二〇〇七年にはモバイルソーシャルゲーム「釣り☆スタ！」を開発し、大ヒットを記録した。

二〇一〇年には東証一部に上場し、二〇一一年からアメリカ進出に挑戦。ハーバードで議論するのは、この海外進出の過程だ。学生は「自分が田中社長だったら、どんなアメリカ進出戦略を実施したか」を徹底的に考えるのである。

グリーの行く手を阻んだグーグルとアップル

二〇一一年にアメリカに進出したグリーは、日本での成功体験をそのまま踏襲することにした。つまりアメリカでも、ゲームの制作・販売に加えて、「マルチサイドプラットフォーム」を提供することをめざしたのだ。

当時のアンドロイドやiOSには、ゲームユーザー用のプラットフォームはなかった。そこにグリーは目をつけた。ユーザーがグリーのゲームを楽しむためには、既存のプラットフォームのなかに専用の「アプリケーションプログラミングインターフェイス」(API)が必要だと考えたのだ。

なぜグリーがプラットフォームをめざしたのかといえば、プラットフォームはアプリよりも市場支配力があるからだ。プラットフォームになれば、「場」のオーナーとしてルールを決め、参加者すべてに影響を及ぼすことができる。その結果、収益も格段に上がる。

グリーの戦略は、しばらくはうまくいっていたのだが、やがて、巨大な競合会社に行く手を阻まれる。ハジウ准教授は話す。

「アップルとグーグルは、すぐに『モバイルゲームは最もお金になる』ということに気づきました。『自分たちが得るべき収益を、みすみすグリーに渡す必要はない』と考えたのです。自分たちのプラットフォーム上に、他社のプラットフォームを乗せられるというのは嫌なもの。それが〝金のなる木〟であればなおさらです。そこでアップルとグーグルは、ゲーム専用のＡＰＩをｉＯＳとアンドロイドに組み込むことにしました」

グリーは二〇一二年末、アメリカのプラットフォーム事業から撤退する。世界標準のプラットフォームになろうという野心をもって挑戦したものの、残念ながら志半ばで断念することにしたのである。日本市場とアメリカ市場の根本的な違いはどこにあったのだろうか。

「アメリカにはグーグルとアップルという巨大な競合会社がいたということです。グリーが日本でプラットフォーム事業を始めたとき、アンドロイドもｉＯＳもありませんでした。日本の携帯電話会社が提供するプラットフォームはあまり洗練されておらず、ユーザーがゲームをしやすい環境ではなかったのです。だからＫＤＤＩやＮＴＴドコモは、喜んでグリーのプラットフォームを受け入れたのです」

グリーは現在、海外ではゲーム開発事業に専念している。

プラットフォームになるのは簡単ではない、とハジウ准教授は指摘する。

「世界を見渡しても、成功しているプラットフォームはごく一部です。なぜなら、このビジネスの本質は、『勝者がすべてを得る』ビジネスだからです。熾烈《しれつ》な競争を勝ち抜かなくてはならないので、誰でもプラットフォームになれるわけではありません」

グリーの事例は、起業をめざす学生に多くの教訓を与えてくれるのだ。

「日本は特殊だから」は乱暴な言い訳だ

グリーのアメリカ進出について議論するとき、必ず学生から出てくるのは、「日本は特殊な国だからグローバル化は難しい」という意見だという。

ハジウ准教授はこの意見に真っ向から反対する。

「授業で、『グリーはアメリカでプラットフォームとしてうまくいくと思いますか』と学生に質問すると、必ず『うまくいきませんよ。日本は特殊な国でしょう。特殊な国のものは世界では通用しません』という意見が出るのです。そんなとき、私はこういいます。『日本に行ったことがありますか。あなたが想像しているほど変わった国ではないですよ』と」

ハジウ准教授が、日本の事例を紹介するときに気をつけているのは、「日本の特殊性で説明しない」ということだ。

「『日本は特殊だから』というのは、とても乱暴な言い訳です。たとえ日本企業が世界進出に失敗したとしても、うまくいかなかった原因はそれぞれ違います。日本の特殊性だけで説明できる問題ではないのです」

日本市場を席巻しているような製品が海外で通用しないと「なぜ日本の製品は世界標準にならないのだろうか」という議論が巻き起こる。地上デジタル放送、ＮＴＴドコモのｉモード、フェリカ（ＦｅｌｉＣａ）などが代表的なものだが、これらは日本で開発された製品がすべて特殊だから、世界標準にならなかったわけではない。

放送業者も通信業者も、国の規制のもとでビジネスを行っている免許事業者だ。こうした事業者は、日本の顧客のために製品開発を行っていて、その製品は日本人のニーズにきめ細かく応えるものとなっている。最初から海外の顧客を念頭に置いて開発していないわけだから、仮に国内市場でたまたまヒットした製品があったとしても、それをあとから輸出するのは極めて難しい。ところが、ハジウ准教授が残念に思っているのは、日本の携帯端末が世界に進出しなかった点だ。

「ｉモードというプラットフォームの輸出は難しかったとしても、携帯端末ならいくらでも輸出できたはずです。日本のメーカーが海外のニーズにいち早く対応すれば、携帯端末だけでも売れたはずなのです。ところが残念ながら日本のメーカーは、海外市場を見据えたマーケティングや技術開発にあまり注力しませんでした。当時の日本の携帯電話端末は世界最先端だったわけですから、うまく売れば売れたはずで、大きな機会損失であったと思います」

これはまさに戦略に問題があった、というわけである。携帯端末の販売をNTTドコモやKDDIといった通信会社に依存していた日本のメーカーは、限られた国内市場を奪い合うことに没頭してしまったのだ。

二〇一五年現在、携帯電話端末の世界シェアは、サムスンで二一・九パーセント、二位がアップルで一四・六パーセント（二〇一五年八月IDC調査）。残念ながら日本のメーカーの名前は見当たらない。最初から世界市場を視野に置いて販売戦略を立てたアップルやサムスンと大きく差がついてしまったのだ。

ホンダの事例のところで、日本企業は現場から生まれる「創発的戦略」が圧倒的に得意だと述べたが、この携帯端末の例でいえば、グローバル市場に目を向けずに、創発的戦略に埋没してしまった、というのが実情ではないだろうか。

ハジウ准教授がいま、研究したいと思っているのが、LINEと楽天のプラットフォーム戦略だという。

「日本は世界で最もテクノロジーが進んだ国です。『戦略とテクノロジー』の授業で、日本企業の事例を教えないということはありえないのです。日本からどんな新しい技術や製品が生まれてくるのか、私はつねに注目しています」

保護産業が世界へ羽ばたく——ＡＮＡのグローバル戦略

「二番手企業の逆転物語」ではない

二〇一四年九月、全日本空輸（以下、ＡＮＡ）の事例が、ハーバードの「マーケティング」の授業に採用されたのをご存じの方もいるだろう。必修の授業に日本企業の事例が取り上げられるのは数年ぶりということもあり、「ＡＮＡ、ハーバード大の教材に」と大きく報道された。

さて、このとき報道された内容には、若干事実と異なっていた点があったので、先にお伝えしておきたい。左記は筆者がケースを執筆したダグ・チュン助教授（Doug J. Chung）と授業を受講した日本人留学生を直接取材してわかったことだ。

まず、一つ目は、このケースは「ＡＮＡが日本航空（以下、ＪＡＬ）をどうやって追い抜いたかを伝える、二番手企業の逆転物語」ではないこと。もちろん、ＪＡＬとの国内シェア争いの歴史もきっちり教材のなかに書かれてはいるが、それを教えることを目的とした事例ではない。

二つ目は、登場事例は経営戦略の「お手本」となる、と報道されている点。ハーバードの学生が学ぶ事例のなかには、「お手本」もあるが、「失敗」「課題」事例も数多くある。ANAの事例は、前出のグリーの事例同様、いわゆる「課題」事例に属する。

必修授業の「マーケティング」に登場する企業は多種多様だ。アップル、ナイキ、ペプシコ、ユニリーバといった有名企業に加え、アクアリサ、バイオピュアといった日本ではあまり知られていない企業についての事例もある。そこに二〇一四年、ANAが加わったわけだが、いったいANAの事例は何を教えるために採用されたのだろうか。ダグ・チュン助教授は解説する。

「これはプロダクトポリシー（製品政策）のケースです。グローバル化を進めるANAにとって、どのような製品を導入するのが最適か、全社のマーケティング戦略と照らし合わせながら考えていくためのケースなのです」

海外の経営大学院のマーケティングの授業では、売り手側の戦略を「4P」という枠組みに当てはめて考える。4Pとは、次の四つを指す。

製品（Product）
価格（Price）
流通（Place）
プロモーション（Promotion）

ターゲット顧客に対して、どんな製品を、いくらで、どこで、どのようにして売るのか。この4Pのうち、製品政策（Product）を学ぶための教材として選ばれたのが、ANAのケースというわけだ。

JALに比べると名前で損をしている？

授業で学生は、ANAが国際線ビジネスを推進するにはどのような「新製品」を導入したらよいかを議論する。新製品の候補として検討するのが、新規路線と最新旅客機だ。

新規路線の候補としては、東京・ボストン、東京・ヒューストン、東京・モスクワがある。ＡＮＡは、結果的に二〇一五年六月に東京・ヒューストン線を就航させることになるのだが、その前段階に戻って、見込み顧客数、見込み収入などを計算し、どの路線が最適かを議論するのである。

最新旅客機の有力候補として紹介されるのは、エアバスＡ３８０だ。Ａ３８０というのは、二階建ての超大型旅客機。エコノミークラスからファーストクラスまで、とにかく広くて豪華なのが特徴だ。とくにファーストクラスは個室のようになっていて、〝空飛ぶホテル〟といわれるほどである。シンガポール航空、エミレーツ航空など、多くの航空会社がすでにＡ３８０を導入して、顧客の獲得、とくに富裕層の獲得に力を入れている。他社に追随して、ＡＮＡもＡ３８０を導入したほうがよいのか。その点を侃々諤々《かんかんがくがく》と議論するのだ（ＡＮＡがＡ３８０を発注したかどうかは、現在もわかっていない）。

授業では、製品政策だけではなく、ＡＮＡのグローバル企業としてのブランド力についても議論する。そのとき必ず出るのが、「オール・ニッポン・エアウェイズ」という社名がどこの国のエアラインかわからないという意見だ、という。

「オール・ニッポン・エアウェイズに乗ることになったとき、一瞬、格安航空会社じゃないかと不安になったが、日本のエアラインだと知って安心した」

「ジャパン・エアラインズ（JAL）と比べると、名前で損をしているのでは」

「ニッポンというのが日本のことだというのは、誰もわからないから変えたほうがよい」

たしかに日本に住んでいるとまったく気づかないが、ニッポンと聞いて日本だとわかる外国人はほとんどいない。この議論の結果はどうなるのか。チュン助教授はいう。

「そういう意見は必ず出るのですが、あまり賛同されませんね。なぜならエアラインの名前を変えるというのはたいへん難しいことだからです。名前＝ブランドです。ANAには何十年にもわたって築いてきたブランドがあり、それを変えることのデメリットのほうが大きいのです」

ANAの国際線進出を遅らせた「45・47体制」

航空会社といえば、非常に国際的なイメージがあるが、世界のエアラインに比べると、ANAのグローバル化は遅れているのだという。

そもそも、なぜ遅れてしまったのか。

その理由は主に二つある。一つ目は、政府の産業保護政策だ。政府の「45・47体制」により、ＡＮＡは国際線に進出できなかったのである。

「45・47体制」とは、航空会社の事業割当を決めた日本の産業保護政策の通称。昭和四十五（一九七〇）年に閣議で了解され、昭和四十七（一九七二）年に運輸大臣通達によって実施されたことから、「45・47体制」と呼ばれるようになった。

この政策が実施された目的は、日本の航空会社間の過当競争を防ぐことだ。

戦後、ＧＨＱ（連合国軍最高司令官総司令部）の占領政策により、日本人が航空に関わる分野に関与することは禁じられていたが、一九五一年、その禁が解かれると、日本にも民間航空会社が次々に設立されることとなった（一九五一年、ＪＡＬ創業。一九五二年、ＡＮＡ創業）。政府は「国内航空産業の保護と育成」をモットーに、競争を抑制するためのさまざまな政策を実施していく。一九六二年に、航空審議会で国際線一社方針を決定すると、一九七〇年には行政指針として、次の三社に事業分野を割り振ることにした。これがいわゆる「45・47体制」である。

日本航空（国内幹線および国際線）
全日本空輸（国内幹線およびローカル線）

東亜国内航空（国内ローカル線、のちにＪＡＬと合併）

この「45・47体制」については賛否両論がある。これがあったから、日本の航空会社はアメリカの航空会社のように倒産することもなく成長できた、という説と、ＪＡＬの破綻の一因はこの体制にあった、という説。

この体制はＡＮＡにも、プラスとマイナス両方の結果をもたらした。この体制があったからＡＮＡが過当競争にさらされることもなく順調に成長できたのは事実だが、同時に、国際市場で競争力を磨く機会を失い、グローバル化が遅れたのもまた事実なのである。ＡＮＡが国際線に進出したのは、一九八六年。東京・グアム路線が初の定期路線だった。

ＡＮＡの国際線ビジネスへの進出が遅れたのには、政府の保護政策に加えて、もう一つ理由がある。それは、日本全体の経済成長とともに国内市場が成長しつづけたため、わざわざ国際線に注力する必要がなかったことだ。ダグ・チュン助教授は話す。

「シンガポール航空、エミレーツ航空、大韓航空などと比較してみましょう。シンガポールもドバイも韓国も国土が狭く、国内線ビジネスの需要が見込めなかったことがあります。これらの航空会社が早々に国際線に進出したのは、それしか選択肢がなかったからです」

ところが、一九九七年、運輸省（当時）が定期運送航空会社の国内幹線への新規参入を認めると、ＡＮＡは必然的にグローバル化を迫られることになる。政府の規制緩和によって、それまで安泰だった国内線に次々と他社が乗り込んできたからである。

国内の新規航空会社だけではない。近年では外資系のＬＣＣ（ローコストキャリア）も次々に国内線路線に参入し、競争は激化するばかりだ。日本には新幹線という手強《てごわ》い競合もいる。

そのうえ、日本の国内市場は人口減少に伴い、全体的に縮小傾向だ。これまでのように国内だけで勝負していては、成長は見込めない。

こうした背景のもと、ＡＮＡはいま、国際線ビジネスに積極的に参入しようとしているのだ。チュン助教授はいう。

「これはＡＮＡだけではなくＪＡＬにもいえることですが、グローバル市場でのシェアの獲得は喫緊《きっきん》の課題なのです。日本のエアラインのサービスは素晴らしいし、食事も素晴らしい。ところが残念ながら、ブランド知名度という点では、他国のエアラインに劣ってしまいます。日本人以外の顧客に日本のエアラインのよさがうまく伝わっていないのです。だからこそ、ＡＮＡもＪＡＬもいま、海外マーケティングに注力しているのです」

ちなみに、日本の航空会社の定時到着率は世界トップレベル（JAL四位、ANA六位、二〇一四年フライトスタッツ社調べ）。空港サービス（ANA一位、二〇一五年スカイトラックス社調べ）、エコノミークラスシート（JAL一位、同）などでも高評価を獲得している。あとはそれをうまくプロモーションするだけだ、というわけである。

なぜ航空産業が必修授業で取り上げられるのか

それにしても必修の授業で取り上げられている企業五社のうち、二社が航空会社というのは、なぜだろうか。ANAの教材を書いたチュン助教授は、説明する。

「ハーバードの教員はケースを執筆する際、その企業の知名度ではなく、どんな課題に直面しているかに注目します。ANAの事例は、グローバル戦略や製品政策を議論するのに非常に適した事例だと思いました。アジアは世界で最も経済が発展しつつある地域なのに、残念ながらアジア系企業の教材の数は少ないのが実情です。私たち教員は日本を含むアジアの事例をもっと増やしたいと思っているのです」

国内市場で成功した企業が海外進出する、という事例は数多くあるが、ANAの場合、アジア系企業であること、新路線の開拓など議論が盛り上がりそうな具体的な課題があること、最高のサービスを誇っているのに世界ではあまり知られていないというギャップが面白かったことなどの理由から選ばれたのであろう。

チュン助教授によれば、ANAの教材は今後、マーケティングの授業ではなく、戦略の授業で使用される予定だという。たしかに実質的にはグローバル戦略の事例なのだから、戦略の授業にもふさわしいケースといえよう。

一方、JALの事例は「ファイナンス2」という必修授業で取り上げられている。使われている教材は「JALの再建」だ。

この事例からは、倒産から再建までの過程を財務の面から学ぶ。

JALは二〇一〇年一月、東京地方裁判所に会社更生法の適用を申請。企業再生支援機構のもとで再建を図ることとなった。負債総額は約二兆三二二一億円。事業会社としては戦後最大、戦後四番目の大規模経営破綻となったのは記憶に新しい。

JALの再建には、会社更生法の適用に加え、公的資金の投入、プレパッケージ型法的整理（事業継続のための資金調達や再建計画の大枠を事前に固めてから会社更生法や民事再生法などの法的整理に持ち込む企業再建手法）の併用という、世界でも類をみない特殊な再生スキームが用いられた。

プレパッケージ型法的整理は、アメリカではよく使われる事業再生方法で、営業を継続しながら再建をする方法だ。米連邦破産法第一一条を適用したユナイテッド航空やデルタ航空なども、運航を停止せずに再建する道を選んでいる。

再建の事例といえば、リーダーシップの授業で教えられているイメージがあるが、どの経営大学院でも倒産、再建事例はファイナンスの授業で取り上げられることが多い。どんなに立派なリーダーがいても、まず財務を立て直さなければ、再建などできないからである。

ファイナンスの授業を長く担当し、日本企業に詳しいカール・ケスター教授（Carl W. Kester）はいう。

「航空会社の事例は倒産の事例として欠かせません。なぜならどの航空会社も利益を上げるのに苦労しているからです。結局は負債に頼ることになるのですが、借入を繰り返しているうちに債務超過に陥り、場合によっては何度も倒産することとなります」

古くはパンアメリカン航空、コンチネンタル航空、ノースウェスト航空、現在も運航を続けるアメリカン航空、デルタ航空、USエアウェイズなど、アメリカの大手航空会社は皆、倒産を経験している。

ＪＡＬの事例がファイナンスの授業に導入される前は、長いあいだ、ユナイテッド航空の事例が使われていたという。

「私たち教員は、新しい航空会社の再建事例を探していました。できれば北米以外の会社がいいと考えました。そうすれば外国での倒産事例を教えられるからです。そこでＪＡＬが候補として挙がってきたのです」

ＪＡＬは再建一年目の二〇一一年に黒字化に成功。その後、一三〜一七パーセントの営業利益率を達成している。準政府機関や、政府の規制に守られてきた会社は、民間企業に比べると、もともとムダが多い。ケスター教授によれば、「コスト削減をするだけでも、多大な収益改善が見込める」のだそうだ。

今後、ＪＡＬの再建が「お手本」ケースとなるかどうか、注目される。

明暗がくっきり分かれたＺＡＲＡとワールド

国の産業保護政策に守られていた企業がグローバル化するとき、最も大きな課題は何だろうか。現在、日本郵政グループのグローバル化に注目するカール・ケスター教授はいう。

「日本企業の経営層も、従業員も、変化に対して極度に抵抗することで知られています。これは私が長年、日本企業を研究してきてわかったことですが、日本の国営企業が民営化するとき、二つの民間企業が合併するとき、そこにいる従業員は必ず『従来の企業文化をできるかぎりそのまま維持しよう』とします。この変革への抵抗が、日本企業の成長、利益率、株価の上昇を妨げていることは明らかです」

同じように、日本企業の慎重すぎる姿勢が成長の妨げとなっている、と考えているのが、前出のアナンス・ラマン教授だ。

ラマン教授は二〇〇〇年代前半、アパレル大手ZARA（スペイン・インディテックス）とワールドが革新的なサプライチェーンを導入していることに注目し、両社についての教材を執筆した。その後、ZARAを運営するインディテックスは成長を続け、二〇一四年度の売上高は約二兆三五〇〇億円。世界一のアパレル製造小売企業となった。一方、日本企業のワールドは、店舗の閉鎖と人員削減を進めている。二〇一六年三月期中に、全店舗の約一五パーセントに当たる四〇〇〜五〇〇店を閉鎖し、全体の一割強に相当する一〇〜一五ブランドも廃止するという。ラマン教授は同じように成功事例として取り上げられながら、現在は明暗が分かれてしまったことを残念がる。

「ワールドは国内市場に注力しすぎた感があります。先進的なサプライチェーンを導入しながら、ＺＡＲＡのように積極的に海外進出しなかったのは非常に残念です。

私は日本の経営幹部に何度もインタビューしたことがありますが、皆さん、失敗を恐れているのか、すべてにおいて慎重です。『その店舗がうまくいっていないのは承知しています』『そのビジネスがうまくいかないのはわかっています』とはおっしゃるのですが、そこで自分から積極的には行動しません。ただ〝静観する〟のみです。

多くの日本企業の経営層が、慎重になりすぎて、成長の機会を失っているのはたいへん残念なことです。アメリカのように、市場に通用しないもの、うまくいかないものは捨て去って、次へ進むべきです」

グローバル化は、多くの日本企業が直面している問題だろう。ホンダのアメリカ進出のような成功事例が日本から出てくるのを、ハーバードの教授陣も期待しているのだ。

---

[10] http://www.thecasecentre.org/educators/aboutus/40anniversary/top40cases/intro,

第5章

リーダーシップ

日本人リーダーのすごさに世界が驚いた

楽天が断行した社内英語公用語化

日本企業関連のケースでは近年最大のヒット

必修科目で教えられている日本の事例のなかで、学生に最もインパクトを与えているのが、楽天の社内英語公用語化の事例だろう。

二〇一〇年、楽天の三木谷浩史社長は、社内の公用語をすべて英語に統一することを宣言した。「世界一のインターネットサービス企業をめざす」という目標を掲げている楽天が、グローバルなビジネス環境で戦っていくには必要不可欠な戦略だと考えたのだという。約二年間の移行期間を経て、二〇一二年七月、楽天の社内公用語はすべて英語となった。

その後、日本国内でも英語化の是非が議論され、楽天と同じように公用語を英語化する企業も出てきた。「我が社も、英語化されたらどうしよう」と不安に思われている読者の方もいるかもしれない。

リーダーシップを教える前出のセダール・ニーリー准教授は、二〇一一年にいち早く楽天の事例を教材として執筆した。それが「言語とグローバル化：楽天の『英語化』」というケースだ。「社内公用語を英語にした企業の事例は、ヨーロッパなどでは数多くみられますが、日本企業ではまだ珍しいですね。三木谷浩史代表取締役会長兼社長は日本企業のグローバル化に一石を投じようとしているのだと思いました。社内公用語を英語にすれば、グローバル化が推進されます。コミュニケーションと言語はグローバル化を推進するうえで、たいへん重要な要素なのです」

この教材は瞬く間に注目され、世界中の経営大学院で使用されることとなった。近年、出版された日本企業関連のなかでは、最もヒットしたケースの一つであり、ハーバードでも「リーダーシップと組織行動」という授業の定番教材となりつつある。

なぜここまで楽天の事例は、学生から支持されているのか。

その理由は、英語圏の学生にとっても、英語をうまく話せない留学生にとっても、お互いを理解するきっかけとなるからだ。

アメリカの大学の授業はもちろんすべて英語で行われる。ところが、英語圏以外から来ている留学生にとって英語で発言することは苦痛で仕方がない。授業で留学生たちは次々にその悩みを打ち明けていく。

ニーリー准教授はいう。

「『英語を話している自分はほんとうの自分ではありません。私は母国語だともっとユーモアに溢れた人間なのです』と発言する学生もいれば、『いつも緊張で震えながら英語で発言しています』という学生もいます。韓国人の学生、ヨーロッパの学生……。毎年、発言しながら泣いてしまう学生もいます。そういう留学生をみて、英語圏の学生はビックリするわけです。皆、英語でうまく発言できなくてこんなに悩んでいたのかと」

この一回の授業で、クラスの空気感が変わるのだという。

「競うように発言していたアメリカ人学生たちが、留学生にも発言の機会を与えよう、と考えるようになります。留学生の話を積極的に聞こうとするのです。これまでアメリカ人中心で進んでいた議論に留学生の声が多く加わり、クラス全体に協調的な雰囲気が生まれます」

グローバル企業が新興国でビジネスを行っていく際に、現地の人とのコミュニケーションは大きな問題だ。英語圏の学生たちは「たとえつたない英語でも耳を傾けよ」という教訓を、この事例から学ぶ。一方、英語圏以外の学生たちは、言葉の問題で悩んでいるのは自分だけではないことを知り、英語化の是非を真剣に考えることになる。

この授業には、楽天の日本人社員が特別ゲストとして招かれることもある。なかには英語が流暢《りゅうちょう》でない方もいたが、学生からの質問に対し、英語で懸命に答え、「通訳もつけずにハーバードにやってきた勇気を讃えたい」と賞賛されたのだそうだ。

社内公用語を英語にした例はヨーロッパや中国の企業でもみられる。しかし、楽天の事例ほど、英語を話せない人の悩みが色濃く反映されていない。

楽天の事例は、変革するのが難しいといわれている日本で、英語化を一気にやり遂げた珍しい例として、注目されているのである。

なぜ日本人は「英語化」に過剰反応するのか

楽天の教材では、英語化に戸惑いをみせる日本人社員の気持ちも、赤裸々に書いてある。

「一般的には、若手社員のほうが英語化を歓迎していたと思う。一方、パスポートをもっていない私の同僚たちは、恐れおののいていた」

「どれだけよい仕事をしても英語を話せなければ昇進のチャンスも与えられない、とやる気を失っていたエンジニアもいた」

「英語の能力が解雇の口実にされるのではないか、という人もいた。これが理由で退職する人もいるだろう」

(Neeley, Tsedal. "Language and Globalization: 'Englishnization' at Rakuten〔A〕". Harvard Business School Case 412-002, August 2011.〔Revised April 2013.〕)

楽天は職責ごとに、TOEICの目標到達点数を設定し、達成できない人は給与をカットする、という徹底した姿勢で英語化を推し進めた。とくに役員クラスには、八〇〇点(九九〇点満点)という高い目標が設定された。英語の能力が給与と査定を左右するのだから、中高年の管理職が抵抗を示すのもよくわかる。

二〇一〇年、楽天の社内公用語英語化が発表されて以来、日本国内でも英語化の是非が議論されることとなった。日本人なら誰もがこの問題に〝一家言〟もっているといってもいいだろう。

なぜ日本人はこれほど「英語化」に過剰反応してしまうのか。その理由は主に二つある。

一つはアイデンティティの問題だ。日本人は、日本語に人一倍誇りをもっている。日本人同士なのに日本語を使わない、ということに対して強い抵抗感を覚えるのだ。

ニーリー准教授はいう。

「言語は、日本人だけではなくすべての人間に関わる問題です。どの言語を話すかという問題は、自分のアイデンティティや文化的なルーツに深く関わってきます。この問題に直面しているのは日本人だけではありません。すべての人間は自国と自国の文化に誇りをもっている。それがアイデンティティだからです。でも、英語化を『植民地主義や帝国主義の象徴』とみるのは間違っていると思います」

もう一つの理由が、英語に対する苦手意識が強いことだ。後述するが、日本人の学習能力はもともと高いので、「本気になってやればできる」人がほとんどなのだが、日本国内にいれば日本語だけで事足りてしまうため、英語を話す機会が極端に少ない。それが過度な苦手意識につながっている。

ニーリー准教授は続ける。

「日本企業だけではなく、ヨーロッパやラテンアメリカなどの企業でも『英語化』に抵抗する人たちはいます。そこで大切になってくるのが、経営層が何をやるか。公用語を変えるときには、社員がスムーズに適応できるような環境づくりをしなくてはなりません」

経営者が社員を思いやり、社員の不安を徹底的に取り除くことが不可欠なのである。

日本企業と対照的に、英語化をどんどん進めているのが中国企業だという。彼らの考え方は非常に実用的で、そのほうが「お金が儲かる」と判断すれば、まったく抵抗なく英語化してしまうのだそうだ。

メリットだけではなくデメリットもある

セダール・ニーリー准教授は、世界中の企業の英語化戦略を研究しているため、英語化のメリットもデメリットもよく理解している。

メリットは主に三つある。

一つ目は、社員が世界中のリソース（人材、予算、情報）にアクセスできること。二つ目は、コミュニケーションの効率が上がること。三つ目は、多様性を受け入れる企業文化に変わること。

一方、デメリットは主に四つある。

一つ目は、英語化は組織にも社員にも大きな負担を強いること。二つ目は、英語化にはとても時間がかかり、やり遂げるためには相応のお金と人材を投入しなければならないこと。三つ目は、企業文化の変化が混乱をもたらし、辞める社員が出てくること。そして四つ目は、異文化問題の解決により多くの労力がかかることだ。

会社の経営陣は、このメリットとデメリットを天秤《てんびん》にかけて、どこまで英語化を進めるのかを決めなければならない。楽天は全社英語化して成功したが、他の企業が全社英語化して成功するとは限らないのだ。

「楽天が全社英語化したのは、そのほうが作業の効率化につながり、ナレッジ（知識）も有効に共有することができる、と判断したからです。一方、私が調査したヨーロッパ企業のなかには、社員二〇万人のうち、管理職一〇〇〇人のみの公用語を英語化した、という企業もありました。それがこの会社にとっては最適な割合だったからです」

産業特性、企業特性によって、英語化のニーズは変わってくる。たとえば日本を代表するグローバル企業、トヨタの公用語は日本語だ。だからこそ「カイゼン」といった言葉が世界標準として使われるようになったのである。トヨタでも、もちろん必要に応じて英語は使われているが、本社の公用語ではない。

要は会社ごとに決めればいい話であって、IT企業の楽天に追随することが必ずしも正しいわけではないのである。

さて、気になる楽天の社内英語化だが、その後、五年間で驚くべき成果を上げている。

英語公用語化計画をスタートした二〇一〇年十月、五二六点だったTOEICの社員平均点は、二〇一五年十一月には八一四点にまで上昇した、というのだ（楽天株式会社公式ウェブサイト）。外国人社員が増えたことを差し引いても、そうとう高い点数だ。

日本人の英語能力は他の国に比べて低いとよくいわれるが、本気になれば日本人も十分英語を身につけられることを、楽天の日本人社員は証明している。

近々、この結果もハーバードの授業で発表されることだろう。学生がどんな反応をするか、楽しみである。

トルーマンと原爆投下の是非

学生たちが学ぶのは「正戦論」

ハーバードの選択科目のなかには、文学、戯曲、自伝、ノンフィクションからリーダーシップを学ぶ異色の授業がある。「モラルリーダー」（＝人道的なリーダー）という選択科目だ。この授業では、映画『わが命つきるとも』『日の名残り』、自伝『キャサリン・グラハム わが人生』などを教材として、〝倫理的に究極の決断をしたリーダー〟の事例を学んでいく。

「モラルリーダー」を長年教えているサンドラ・サッチャー教授（Sandra J. Sucher）によれば、学期終了後、最も学生の心に残るのが、「トルーマンと原爆」の回なのだそうだ。

授業では、『ヒロシマ』（ジョン・ハーシー著）というノンフィクション作品を題材に、広島への原爆投下を決断したトルーマン大統領と、終戦を決断した昭和天皇のリーダーシップについて学ぶ。

なぜハーバードで二十年以上にもわたって、トルーマンの原爆投下の是非を論じる授業を続けているのか。サッチャー教授はいう。

「その理由は二つあります。一つは歴史的にみても、広島、長崎への原爆投下は、アメリカのリーダーとして最も困難な決断だったということ。そしてもう一つは、この事例を通じて、学生が正戦論について学べることです」

「正戦論」とは、「戦争を正当な戦争と不正な戦争に区別し，正当な根拠をもつ戦争だけを合法と認める理論」のこと。現代の正戦論者として有名なのは、プリンストン高等研究所のマイケル・ウォルツァー名誉教授だ。彼は、著書『正しい戦争と不正な戦争』のなかで次のように述べている。「戦争はつねに二度、価値判断にさらされるのである。一度目は、戦うにあたって国家が有する理由に関して。二度目は、国家が用いる手段に関して」（『正しい戦争と不正な戦争』マイケル・ウォルツァー著、萩原能久監訳、風行社）。

サッチャー教授は続ける。

「正戦論は『戦争では勝利のためという名目のもと、何をやっても許される。戦時中であればどれだけ人を殺してもいいという論理は間違っている』という考え方です。この正戦論をハーバードで教えることには、大きな意義があります。なぜなら学生の五パーセントが軍隊出身者で、その多くが『モラルリーダー』を履修するからです」

この授業で特徴的なのは、原爆投下を日本とアメリカ、両方の視点からみる、という点だ。アメリカの中学・高校の歴史の授業で使用されている教科書では、原爆投下を正当化した記述が目立つ。しかし国のトップ、会社のトップとなる人間が、偏った視点で物事をみてはいけない、というのがハーバードの一貫した姿勢なのである。

「トルーマンと原爆」について論議する授業でも、米軍出身者から、広島の原爆ドームを見学したアメリカ人学生まで、さまざまな意見を戦わせる。「戦争を終結させるためには原爆投下はやむをえなかった」という意見もあれば、「原爆投下は人道的に許せない行為だ」という意見もある。

サッチャー教授はいう。

「授業のなかでも『トルーマンと原爆』の回は、とくに物議を醸しましたし、教えるのが難しい内容でしたが、戦争にはルールがあるということを理解してもらいたいという一心で、続けてきたのです」

サッチャー教授は二〇一六年の春学期にも「トルーマンと原爆」について教える予定だ。

アメリカのみならず日本の視点でも議論する

「モラルリーダー」を担当する教授はもう一人いる。ジョセフ・バダラッコ教授（Joseph L. Badaracco）だ。日本の野村マネジメント・スクールの主任教授を務めていることもあり、日本文化に造詣が深い。サッチャー教授、バダラッコ教授という知日派の二人がいなければ、これほど長く、原爆投下について学ぶ授業は継続できなかっただろう。

バダラッコ教授の「モラルリーダー」を受講する学生は、事前に二つの課題図書を読まなくてはならない。一つ目は、一九四六年に発表されたノンフィクション『ヒロシマ』だ。『ヒロシマ』は、ジャーナリストのジョン・ハーシーが原爆投下直後の広島を自らの足で歩き、生き残った六人を密着取材した作品である。佐々木とし子さん（東洋製缶工場の人事課員）、藤井正和さん（医師）、中村初代さん（仕立屋の未亡人）、佐々木輝文さん（医師）、ウィルヘルム・クラインゾルゲさん（神父）、谷本清さん（牧師）の六人が、一九四五年八月六日からの一年間をどのように過ごしたかを詳細に記述している。

冒頭、ジョン・ハーシーは、原爆投下時の状況を六人の目から忠実に再現している。たとえば八月六日に、中村初代さんが爆心地から一〇七〇メートルの自宅で、原子爆弾の閃光に出合ったときの様子を次のように書いている。

ドタンと身体が落ちたと思うと、柱や板がまわりに降ってきて、バラバラと瓦の雨に叩かれた。真っ暗になった。埋まったのだ。だが身体を埋めた壊れ物はそう厚くはなかった。起き上がって邪魔ものを払いのけた。「お母さん、助けて！」と子供の一人が泣きわめく。いちばん小さい五つの三重子が、胸まで埋まって動けないのだ。中村さんは狂ったようにかきわけかきのけ、末っ子のほうに近づこうとした。他の子供たちは姿も見えず、声も聞こえなかった。

（『ヒロシマ〔増補版〕』ジョン・ハーシー著、石川欣一、谷本清、明日川融訳、法政大学出版局）

『ヒロシマ』は、原爆投下から一年後、後遺症に苦しむ六人の姿も描写している。佐々木とし子さんは足が不自由になり、中村初代さんは貧しい生活を余儀なくされた。佐々木輝文さんも以前のようには働けなかった。藤井正和さんは病院を失い、谷本清さんの教会は廃墟となり、二人とも活力を失っていた。原爆投下後の広島で六人が日常生活を送る様子が淡々と記されていて、それがかえって原爆がもたらした惨禍を浮き彫りにしている。

この作品は、一九四六年にアメリカで発表されるやいなや、大ベストセラーになった。現在に至るまで増刷を重ね、売上三〇〇万部を突破している。一九九九年にニューヨーク大学が発表した「二十世紀最高のジャーナリズム作品トップ10」のなかでも、第一位に輝いた。

ハーバードの学生はこの『ヒロシマ』を読み、トルーマンの下した一つの決断がどのような結果をもたらしたかを学ぶのである。

課題図書の二つ目は、ヘンリー・スティムソンの論文だ。スティムソンは原爆投下時の陸軍長官であり、終戦後も原爆投下の正当性を主張しつづけた人物である。

スティムソンは、雑誌に寄稿した論文のなかで次のように書いている。

「(原爆を使わずに)本土上陸作戦を遂行していたら、戦争を終結できるのは早くて一九四六年下半期だろうと予測していた。この作戦によって、アメリカ軍兵士だけでも一〇〇万人以上の死傷者が出るとの報告を受けていた」

(“The Decision to Use the Bomb” Henry Lewis Stimson, Harper's Magazine, February 1947.)

このスティムソンの見解が、アメリカの歴史の教科書で原爆投下が正当化されてきた根拠となっている。

バダラッコ教授の授業では、二人の哲学者の理論をもとにトルーマンの決断を検証し、次の三つのテーマについて議論する。

1. スチュアート・ミルとイマヌエル・カントは道徳的な視点からトルーマンの行為についてどのように評価するか。
2. 両者の主張の類似点と相違点は何か。
3. トルーマンは原爆投下を決断するまでの過程で、人道的なリーダーシップを発揮したか。

(Syllabus, “The Moral Leader”, Fall 2015 Professor Joseph Badaracco)

「最大多数の最大幸福」を原理とするスチュアート・ミルの功利主義からみれば、「トルーマンは戦争を終結させたのだから、道徳上、正しい決断をした」といえる。一方、人間は普遍的な道徳律を無条件に守らねばならない、と考えたイマヌエル・カントの視点からみれば、「トルーマンは間違っていた」ということになる。

どちらが正しい、と授業で結論づけることはしない。自分がめざすべき人道的リーダーとは、どのようなリーダーか、自分がトルーマンならどのような決断をしたか、を考えることが目的だからだ。

「(『ヒロシマ』のような)本を読んでも答えがみつかるわけではありません。しかし、決断するときは現実と向き合え、ということをそれは教えてくれます」

とバダラッコ教授はいう。

「昭和天皇こそがモラルリーダーでした」

サンドラ・サッチャー教授は、自ら執筆した「モラルリーダーの教員用ガイドブック」のなかで、昭和天皇が戦争を終結させるにあたって、いかに重要な役割を果たしたかを詳述している。昭和天皇について詳しく教えるかどうかは、この講座を教える教員次第だが、サッチャー教授は、昭和天皇こそが人道的リーダーだという。

「人道的見地からみれば、昭和天皇はモラルリーダーで、トルーマンはモラルリーダーではなかったというのが、私の率直な意見です。日本では原爆投下後も『まだまだ戦争を続けるのだ』と言い張る軍人は数多くいたでしょう。しかし、昭和天皇は『もう終わりにしましょう』とおっしゃって戦争を終結させました。これこそモラルリーダーの姿です。昭和天皇は日本国民の命を救うことだけを考えて決断されました」

サッチャー教授は、トルーマン本人および原爆投下推進派に知識がなさすぎたことも、非人道的な行為に至った要因ではないかという。

「原爆投下の説明責任をすべてトルーマンに負わせるのには少し異論があります。なぜなら当時は放射線症について何も知られていなかったからです。トルーマンは間違っていた、原爆を使うべきではなかった、といまならいえます。しかし戦争中は、原爆が実際にどんな被害を与えるのか、誰もわからなかったのです」

そのトルーマンが、人道的な一面をみせた出来事がある。長崎に原爆を投下したあとのことだ。一九四五年八月十日、「三つ目の原爆は八月十七日または十八日以降に投下可能となった」[11]との報告を受けたのち、閣議で次のように述べたという。

「これ以上、原爆を投下してはならないという命令を出した。さらに一〇万人を殺戮するという考えはあまりにも残酷すぎる。子どもたちを皆殺しにしてしまうような作戦は本意ではない」(John. M. Blum "The Price of Vision: the Diary of Henry A. Wallace, 1942-1946")

トルーマンは七月二十五日、原爆完成の報告を受けた際にも、スティムソン陸軍長官に「原爆は軍事目標と兵士をターゲットとするもので、女性と子どもをターゲットにしないこと」と釘を刺している(Harry S. Truman Library, Papers of Harry S. Truman.)[12]。

トルーマンは、原爆が瞬時に投下地にいる人々をすべて殺してしまう兵器だということを認識していなかったのかもしれない。それでも、とサッチャー教授はいう。

「トルーマンは、原爆を投下する前に日本国民に交渉の余地を与えるべきだったと思います。これは私だけではなく、多くの政治評論家も同じことをいっています。交渉の余地を与えたところで戦争終結にはつながらなかったかもしれません。でも原爆投下によってもたらされた悲惨な結末を考えれば、せめてあと一度だけチャンスを与えられなかっただろうか、そうすれば原爆投下などしなくても済んだかもしれないと私は思うのです」

トルーマンはスティムソン同様、戦後、「一〇〇万人のアメリカ人兵士を救った」と自らの行為を正当化しつづけた。一方、広島の原爆投下による死没者は、二九万七六八四名（二〇一五年八月六日）、長崎の原爆投下による死没者は、一六万八七六七名（二〇一五年八月九日）。合計で約四七万人にものぼる。

トルーマンの行為はほんとうに正しかったのかどうか。大統領養成機関でもあるハーバードで、いまも議論されつづけていることに価値があるのである。

福島第二原発を救った「チーム増田」

世界が知るべき素晴らしいリーダーシップの事例

二〇一四年からハーバードのエグゼクティブプログラムで、福島第二原子力発電所（以下、福島第二原発）の事例を教えているのが、ランジェイ・グラティ教授（Ranjay Gulati）だ。

「東日本大震災後の日本に注目して、『不測の事態におけるリーダーシップの事例』を探していたなかで、たまたま福島第二原発についての資料を読みました。じつはそれまで地震発生後、危機的状況にあった原発がもう一つあったとは、まったく知られていませんでした。おそらく私も含め、ほとんどのアメリカ人は、福島に原子力発電所は一つしかないと思っていたはずです」

とグラティ教授は振り返る。

ところが、資料を読んだグラティ教授は、福島には第一原発と第二原発という二つの原発があり、第一原発は大惨事となったが、第二原発は危機一髪、メルトダウン（炉心溶融）を免れたことを知る。なぜ第二原発は危機を回避できたのだろうか。なぜ現場の作業員は、その場にとどまって不眠不休で働いたのか。グラティ教授はその理由を知りたくなり、地震発生から冷温停止までの五日間に何が起こったのかを、調査することにした。

その結果をまとめたのが、「そのとき、福島第二原発で何があったか」（『ハーバード・ビジネス・レビュー』二〇一四年七～八月号）という論文だ。この論文はアメリカでも大きな反響を呼び、やがて、エグゼクティブプログラムの教材として、そのまま使用されることとなった。グラティ教授はいう。

「これは世界に伝えるべき素晴らしいリーダーシップの事例だ、と思いました。そこには先がまったく読めないなかで、勇気をもって決断したリーダー（増田尚宏所長）の姿がありました。増田さんの行動は、あらゆるリーダーの模範になると思いました。そこで論文を書き、ハーバードでも教えることにしたのです」

グラティ教授が二〇一四年秋、グローバル企業の経営者や管理職一七〇人にこの事例を教えたとき、受講者は「福島第二原発が危機的な状況にあったという事実、それが、増田所長と作業員の力によって救われたという事実を初めて知って、ただただ驚いていた」という。

一カ月かかる作業を二日間でやり遂げたすごみ

グラティ教授は、アメリカ原子力規制委員会のチャールズ・カスト氏らとともに、二〇一一年三月十一日の東日本大震災発生から三月十五日の冷却システムの復旧まで、福島第二原発で何が起きていたのかを、できるかぎり詳細に再現することにした。

そこでわかったのは、福島第二原発も一つ間違えれば、メルトダウンを起こす恐れがあった、ということである。それを増田所長と作業員がすんでのところで食い止めた。

地震発生後、福島第一原発から一二キロメートル離れた福島第二原発では何が起きていたのか。グラティ教授らが時系列にまとめたものを要約すると、次のようになる（『ハーバード・ビジネス・レビュー』同号参照）。

〈三月十一日〉

午後二時四十六分　地震発生。作業員全員、緊急時対策センター（ＥＲＣ）に集合。

午後三時二十二分　津波が押し寄せる。「外部から放射性廃棄物処理建屋につながる電力線」と「三号機の非常用ディーゼル発電機」の二つを除いて、すべての電源を喪失。

午後六時三十三分　原子炉四基のうち三基（一号機、二号機、四号機）が冷却機能を喪失。

午後十時　増田所長、作業員を現場に行かせることを決断。作業員が現場に向かい、損傷確認。

〈三月十二日〉

早朝　二号機が最も危険な状況に。増田所長は二号機を最優先に、放射性

日中　廃棄物処理建屋からの電源ケーブル敷設ルートを決める。
作業員二〇〇人の人海戦術でケーブルの敷設開始。

〈三月十三日〉

早朝　増田所長は放射性廃棄物処理建屋から全部のケーブルを一、二、四号機へ敷設するのは困難と判断。三号機の非常用ディーゼル発電機からもケーブルを敷設することを決断。

日中　一号機が二号機よりも危険な状況に。一号機を最優先にケーブル敷設ルートを見直す。

午前〇時前後　ケーブル敷設作業終了。

〈三月十四日〉

午前一時二十四分　一号機の冷却機能復旧。

午前七時十三分　二号機の冷却機能復旧。

午後三時四十二分　四号機の冷却機能復旧。

〈三月十五日〉

午前七時十五分　一号機から四号機、すべての冷温停止を達成。

原発事故を防ぐ三原則は「止める」「冷やす」「閉じ込める」。福島第二原発では、最初に「止める」ことには成功したが、「冷やす」ための電源が喪失していた。一、二、四号機に電気を送るためには、残された二つの電源からケーブルを敷設して、冷却機能を復旧させなければならない。冷却できなければ、メルトダウン、放射能漏れ、という最悪の状況に陥る恐れがあった。増田尚宏所長と作業員にとっては、すべてが想定外だった。絶えず目の前の現実が変化するなか、作業の優先順位を確認していったのだ。

ケーブルは一本の長さが二〇〇メートル。重さは一トンもある。二〇〇人の作業員たちは、それぞれケーブルを二メートル間隔でもち、数百メートルの距離を運んでつなぐ、という作業を繰り返した。十二日の日中から十三日の深夜まで、不眠不休で作業を続け、最終的に作業員が引いたケーブルの長さは九キロメートル。通常なら重機を使っても一カ月はかかる作業だ。それを人間の力だけで、二日間でやり遂げたことになる。

ケーブル敷設作業に関わった宮澤豊さんはいう。
「資機材が調達できなかったので、手で引くしかなかったと。（中略）引き終わったのは真夜中十一時とか十二時ぐらいです。命をかけてやらないといけない、という気でやったので、できたのかなと」（「福島第二原発の〝奇跡〟～メルトダウンを食い止めろ～」テレビ朝日系、二〇一四年五月十二日放送）
作業員のなかには家族を失った人や、家を失った人もいた。しかし彼らはその場を離れることなく、暗闇のなか、命がけでケーブルを運びつづけたのである。
三月十五日午前七時十五分、一号機から四号機のすべての冷温停止を達成。それは原子炉内の最大圧力が基準値を超えると予測されていた、わずか二時間前のことだった。

危機を救った増田所長の「センスメーキング」

グラティ教授がとくに注目したのは、増田所長が地震発生後、混沌とした状況のなかでまず何をしたか、という点だった。

「増田さんは、作業員でごった返す緊急時対応センターで、ホワイトボードにひたすら数字と図を書いていったのです。書いたのは余震の頻度とマグニチュード、それと危険度が減っていることを示す図です。つまり『私にも何が起こっているかわからないが、少なくともいま私が知っていることはこれだ』と作業員と情報を共有したのです。これを社会心理学では、『センスメーキング』（sense making）といいます。危機の真っただ中にいて、センスメーキングをできるリーダーはなかなかいません」

センスメーキングとは、置かれた状況を能動的に観察し、理解しようとすること。これは、その場にいる人たちが同じ情報を共有し、次のアクションを考えるのに役に立つ。数字やグラフなど、客観的な情報は人を落ち着かせる効果があるからだ。作業員がパニックに陥らなかったのは、初期段階で冷静に状況を説明されたからだろう。

増田所長は当時をこう振り返る。

「『自分がいま、わかっていることを全員に共有しなければ』という思いでホワイトボードに情報を書き出していきました。私が作業員を現場へ行かせたのは、地震発生から五～六時間経ってからです。現場が安全かどうかも、作業員が現場に行ってくれるかどうかも、まったくわかりませんでしたから、すぐには『現場へ行け』とはいえなかったのです。現場に行ってもらうには、危険が減ってきている状況を皆に納得してもらう必要がありました」

さらに増田所長は、朝と夕方の二回、全作業員が集まるミーティングを開催し、自分がもっている情報、作業員がもっている情報をすべて共有するようにした。

センスメーキングには二つの目的がある。一つは、自分自身が状況を客観的に理解できるようにすること。もう一つは、周りの人が状況を理解する手助けをすること。後者のことを「センスギビング」(sense giving)ということもある。グラティ教授はいう。

「福島第二原発で増田さんが頻繁に状況を整理して伝えたのは、作業員の皆さんのためだけではなく、自分のためでもあったのです。この原子炉が最も危険な状態だ、この資材が届かないなど、情報は刻々と変わるわけです。危機を乗り切るまでの五日間をあらためて分析してみると、そうした混乱状態のなかで、センスメーキングとセンスギビングが繰り返し行われていることがわかりました。これが、福島第二原発が惨事を免れた大きな要因の一つではないかと思います」

計り知れないほど尊い日本人の「無私の精神」

グラティ教授が強調するのは、この事例は、「天災や戦争などが起きたときにどう対応するかを学ぶ事例ではない」ということだ。

「私は福島第二原発の事例を、危機管理を学ぶための事例としては教えていません。これは、リーダーシップを学ぶ事例なのです。エグゼクティブプログラムでは、世界各国で活躍するトップリーダーが学んでいます。彼らにとっていま最も大きな課題は、『先が読めない世の中で、どのようにリーダーシップを発揮していくか』ということなのです」

福島第二原発で増田所長率いる四五〇人の「チーム増田」は、何度も不測の事態に直面した。東日本大震災級の地震に対応するマニュアルなどあるはずもなかったから、すべてが想定外だった。資材を運んできたトラックの運転手から「敷地内に入りたくない」といわれる。電源モーターが届いたのに瓦礫《がれき》が山積みになっていて近づくことができない。やっと建屋のなかまで運べたと思ったら、今度は設置できる人間がいない……。

こうしたなか、増田所長は、問題を一つひとつ作業員とともに解決していったのである。

増田所長が発揮したリーダーシップは、机上で学んだものではない。危機を回避するまでリーダーである自分は自席から絶対に動かない、明確な指揮系統を確立する、ホワイトボードに数字を書く、戦略を柔軟に変えながら適切な指示を出す、作業員全員に役割を与える、といった行動は、「直感」によるところが大きい。

また増田所長が福島第二原発に長く勤務し、所内を隅から隅まで把握していたこともプラスに働いた。グラティ教授は、作業員が一丸となって働いた理由を次のように分析している。

「それは、やはり増田さんをリーダーとして信頼していたからですよ。危機的な状況で『私にもこの後、どうなるかわかりません。皆さんはどうするのが正しいと思いますか。私と一緒に打開策をみつけましょう』といえる人はそうそういないのです。ましてや、増田さんは第二原発を知り尽くした人なのですから、なおさら説得力があります」

増田所長は、当時のことを率直にこう振り返る。

「『ごめん、間違った』『さっきの訂正』と何度いったかわかりません。作業員からの質問には、間違ってもいいから即答して、彼らが迷わず動けるように具体的に指示を出しました。そのときは目の前の問題を解決して、とにかく前に進むことしか考えていませんでした」

すべての日本人が不測の事態で適切なリーダーシップを発揮できるか、といえばそうでもない。それは、東日本大震災直後の混乱をみれば明らかであろう。グラティ教授はいう。

「増田さんのように直感的にリーダーとして正しい行動をとれる人はよいですが、普通の人はやはり学ばないと間違った行動をしてしまうものです。混沌とした状況ではとくにそうです。そのために私たちはリーダーシップを教えている、といっても過言ではありません」

福島第二原発の事例は、アメリカ原子力規制委員会やアメリカ国務省からも高く評価されている。増田所長のリーダーシップはもちろんだが、アメリカが賞賛したのは、現場の作業員の行動力と志の高さである。原子力規制委員会のチャールズ・カスト氏は、「チーム増田は素晴らしいチームワークだった」と語り、国務省のラスト・デミング日本部長（二〇一一年当時）は、「現場の作業員は危機を救った尊敬に値する人たちだ」と述べた（「福島第二原発の〝奇跡〟～メルトダウンを食い止めろ～」同）。

日本人の無私の精神は、計り知れないほど尊いもの。それをチーム増田の皆さんは教えてくれる。

グラティ教授は、二〇一六年からは経営幹部だけではなく、経営大学院の学生にもこの事例を教える予定だ。ハーバードの学生が将来、ビジネスで危機的な状況に陥ったとき、おそらく思い出すのは福島第二原発のケースとなるのだろう。

[11] http://marshallfoundation.org/library/wp-content/uploads/sites/16/2014/07/Groves_Leslie_R_Marshall.pdf
[12] http://www.pbs.org/wgbh/americanexperience/features/primary-resources/truman-diary/

終章

日本人が気づかない「日本の強み」を自覚せよ

世界有数のインフラストラクチャー技術

ここまで、ハーバードの授業で取り上げられる日本の事例をもとに、「日本がハーバードでいちばん人気がある理由」を探ってきた。

じつは取材中、教授陣全員に聞いた質問が二つある。「日本の強みとは何ですか」という質問と「日本がさらに世界に貢献するにはどうしたらいいですか」というものだ。

日本で暮らしていると、すべてが当たり前になってしまい、自国のよさを再発見するのは難しい。また日本人が問題だと認識していることが、ほんとうに問題なのかもわからない。だから世界最高の知性であるハーバードの教授陣にあらためて分析してもらおう、と思ったのである。

終章では、これまでの話を総括しながら、日本の強みと今後の課題をお伝えしたい。

日本の強みとして、「インフラストラクチャーの技術」を挙げたのが、前出のロザベス・モス・カンター教授だ。カンター教授は二〇一五年、アメリカのインフラ老朽化に警鐘を鳴らす著書『Move: Putting America's Infrastructure Back in the Lead』を出版。インタビユーでは日米のインフラ事情について解説してくれた。

アメリカを訪れたことがある人なら誰でも、「なんて不便な国なんだ」と感じたことがあるだろう。

まず日本人にとっては電車が遅れるのが信じられない。二〇一五年六月、筆者が乗ったニューヨーク・ボストン間の電車は、行きも帰りも一時間以上も遅れた。ニューヨークの地下鉄には時刻表があるのかどうかさえわからない。マンハッタンでは平日の夕方になるとタクシースタンドに長い行列ができ、やっと乗れたと思ったら大渋滞。空港に行けば、国内線は平気で遅れる。経済大国とは思えない交通事情だ。

電車、バス、タクシー、飛行機。すべて老朽化が進んでいる。長距離バスでは雨漏り。タクシーはボロボロ。ニューヨークで奇跡的に日産のタクシー（二〇一五年導入）に乗れたときの感動といったら、このうえない。思わず運転手に「この日本車、最高だね」と話しかけてしまったくらいだ。

なぜ世界の経済大国アメリカのインフラは、老朽化が進んでしまったのか。

「いくつか理由があります。一つは、アメリカのインフラ関係の建物や施設は、他国よりも古い時代に建造されているということです。その当時は世界一の技術を駆使してつくられましたが、長い年月を経て老朽化が進んでしまったのです。とくに老朽化が深刻なのが、鉄道です。鉄道はアメリカ経済を発展させ、国民の生活を向上させるために重要な役割を果たしてきましたが、十分なメンテナンスが施されませんでした。インフラには、『メンテナンスと改善』が不可欠なのですが、そのための予算をとるというのは、新しいものをつくるより難しいことなのです」

新しいものを建設するときには簡単に予算がついて、「メンテナンスと改善」には予算がつかないのはなぜなのか。

「『メンテナンスと改善』というのは、政治的リーダーが掲げるキャッチフレーズとしてあまり魅力的ではないからです。アメリカ政府が巨額の予算を投じて国家プロジェクトを推進する際、その理論的根拠となってきたのが『国家防衛』です。『国防のためにはこれだけの予算が必要なのですよ』といえば、国民から理解を得やすいからです」

カンター教授によれば、いまアメリカの橋の四分の一は、いつ崩落してもおかしくない状況にあり、電車は百年以上前に築かれたレールの上を走り、人々が通勤中、渋滞にはまっている時間は合計すると年間三十八時間にも及ぶという。

こうしたなか、注目されているのが、日本のインフラ技術だ。テキサス州では、ヒューストンとダラスの二つの大都市間のおよそ四〇〇キロを高速鉄道で結ぶ計画が持ち上がっている。二〇二一年の開業をめざす高速鉄道には、ＪＲ東海が運用する東海道新幹線の鉄道システムが導入される可能性もある。

日本がインフラ先進国である理由は何だろうか。カンター教授は解説する。

日本がインフラ先進国である理由は三つあるのではないかと思います。一つは、日本は戦後、インフラをすべてゼロから再建しなくてはならなかったということです。たとえば新幹線は開業しておよそ五十年ですね。戦後の復興期に開業しています。新しいものをつくるときには、その時代の最新の技術を使いますね。古いインフラが妨げになることもなく、最初から新しいインフラを構築できたため、日本のインフラは他国よりも優れているのです。

二つ目として、日本国民の意識の高さが挙げられます。日本人は社会に対する責任感がとても強いと感じます。「自分が何かモノをつくるのであれば、それは国全体のためにならなくてはならない」と考えます。日本には、企業の利益よりも社会全体の利益を優先する文化がありますね。とても愛国的な考え方ともいえますが、この連帯感、責任感があったからこそ、日本は戦後、素晴らしいインフラを構築することができたのだと思います。

三つ目の理由は、日本人が秩序と清潔を重んじる国民だということです。家のなかも、観光地も、清掃が行き届いていて、散らかっているということはありません。日本人は腐蝕や劣化しているものをみると、「新しいものにしたい」「綺麗にしたい」と直感的に思ってしまうのではないでしょうか。

日本のインフラが世界最高レベルにあるのは、戦後、ゼロからそれを構築せざるをえなかったという事情に加え、日本人の国民性によるところが大きいというのである。

クリステンセン教授が讃えた日本のイノベーション

カンター教授のほかにも、技術とイノベーションを日本の強みとして挙げた教授は多くいた。

「(日本の強みといえば) まずはイノベーションでしょう。小売業のオペレーションでも先進的な取り組みがいくつもみられます。日本には世界に貢献できる素晴らしいアイデアと技術があります」(アナンス・ラマン教授)

「過去二十年間、日本経済は停滞しているといわれていますが、科学、エンジニアリングの分野で日本はいまだ世界トップクラスです」（ジョン・クエルチ教授）

前述のとおり、ハーバードの授業には「日本企業が欧米企業を技術とイノベーションによって打ち負かす事例」が多く登場する。日本人留学生によれば、とくに日本の技術力を如実に感じられるのが、世界的な経営学者、クレイトン・クリステンセン教授が教える「成功する企業の設立と維持」という選択科目だという。

クリステンセン教授は、一九六〇年代、七〇年代の日本の驚異的な経済成長を支えてきたのが、ソニーのトランジスタラジオやホンダのスーパーカブに象徴される「破壊的技術」であった、と指摘する。破壊的技術とは、「従来とはまったく異なる価値基準を市場にもたらす技術」のことだ。

トヨタ、日産、ホンダ、マツダなどの日本の自動車メーカーは、欧米の自動車市場の最下層にある低品質、低価格の分野に、破壊的技術をもって攻め込んだ。（中略）ソニーをはじめとする日本の家電メーカーは、低価格、低品質の携帯用ラジオ・テレビによってアメリカ市場の最下層を攻撃した。その後も容赦なく上位市場へ移行しつづけ、世界最高の品質を誇る家電メーカーとなった。

(『イノベーションのジレンマ』クレイトン・クリステンセン著、玉田俊平監修、伊豆原弓訳、翔泳社)

クリステンセン教授は、イノベーション力が衰えつつある日本の大企業に警鐘を鳴らしつつも「日本が再び破壊的技術によって、成長と繁栄を取り戻すことを願っている」と述べている。

イノベーションは、逆境から生まれるとはよくいわれることだ。高齢化社会、経済停滞、大企業病、度重なる天災など、一見ネガティブにみえることを逆手にとって、日本がどのような技術とイノベーションを生み出すのか、世界は注目している。

人的資本——日本の強みは日本人そのものだった

今回、最も多くの教授が日本の強みとして指摘したのは、「人的資本」である。つまり、日本の強みは日本人だ、ということだ。日本人に囲まれて日本人として暮らしている私たちには気づかないが、海外からみると、日本人は次の点において突出しているという。

①高い教育水準

日本の高い教育水準は、ＯＥＣＤの調査結果「国際成人力調査」（二〇一三年）が如実に示している。

ＯＥＣＤが二四カ国・地域（日、米、英、仏、独、韓、豪、加、フィンランドなど）の十六〜六十五歳までの男女個人を対象として、「読解力」「数的思考力」について調査したところ、日本は次のような結果となった。

読解力の国別平均得点　一位
数的思考力の国別平均得点　一位

なんと、読解力、数的思考力の両方で一位を獲得したのである。他の上位国はヨーロッパの国々だが、いずれもフィンランド（五五七万人）、オランダ（一六八六万人）など、日本に比べると人口の少ない国だ。一億二〇〇〇万人を超える人口を抱える日本が一位を独占するというのは、奇跡的ともいえる。

明治時代、日本だけがアジアで近代化に成功したのも、戦後、奇跡的な復興を達成したのも、元をたどれば、国民の教育水準の高さにあることは、すでに述べた。若者の学力が少し落ちてきていると心配されているが、国民全体としてみれば、日本の世界一は当分揺るぎそうにない。

②分析的な特性

日本の自動車メーカーを研究する前出のフォレスト・ラインハート教授は、日本人の分析的な特性がトヨタや日産の強さにつながっているという。

私はトヨタと日産の社員に直接インタビューをしたことがあるのですが、とても印象的だったのが、社員が皆、非常に〝分析的〟であったということです。何を質問しても、客観的な事実やデータに基づいて話をしてくれました。

自動車の製造過程、デザイン過程というのは非常に複雑なものです。そのため、仕事内容を説明する際、客観的データよりも感覚に基づいて説明するほうがずっと簡単です。「こんなふうに感じたからこんなデザインにした」といってしまえばそれで終わりです。にもかかわらず、日本の自動車メーカーの社員はそのようには答えませんでした。

ミュージシャンに「どのように作曲していますか」と聞けば、「こんなメロディーが浮かんで……」など、とても感覚的な答えが返ってきますね。「どのようにつくったのですか」と質問されたら、感覚的に答えるほうがずっと楽なのです。

ところがトヨタの社員も日産の社員も、自分の直感や感覚に基づいて説明することはしませんでした。むしろそうしたものを排除しようとしている傾向さえみられました。それがデザインについての質問であっても、です。

おそらく両社ともに、世界のどのメーカーよりも客観的事実とデータを重視して、自動車を製造してきたのだと思います。社員が分析的で、モノづくりのプロセスを科学的に理解していること。勘に頼らずに科学的な根拠で決断を下すように訓練されていること。それが日本の自動車メーカーが成功している秘訣ではないかと思います。

③美意識、美的センス

「現代の卓越した技術者は、優れた技術者であると同時に秀でた芸術家でなければならない」（『本田宗一郎 夢を力に　私の履歴書』）といったのは本田宗一郎だ。本田宗一郎は分析的特性だけではなく、美的センスにも優れていたクリエイターだった。本田はクルマやオートバイのデザインのために、しばしば神社・仏閣を訪れ、その造形的な感覚を製品に反映させた。たとえばドリーム号のタンクについているエッジは、「仏像の眉から鼻にかける線」を頭に描きながらデザインしたのだという。

デビッド・モス教授は、日本人が技術力だけではなく、美意識に優れていることに注目する。

「世界では、技術と美的センスを組み合わせた製品は高く評価されます。iPhoneはその象徴として有名ですね。日本は技術と美的センスの両方をすでに備えている国です。こんな国はほかにないでしょう」

美的センスは努力しても、簡単に身につけられるものではない。たとえば、アップルとマイクロソフトの製品の最も大きな違いは、美的センスだといわれている。スティーブ・ジョブズは生前、テレビのインタビューに次のように答えていた。

「マイクロソフトが抱える問題はただ一つ。美的センスがないことだ。これは些細《ささい》な問題ではなく、大きな問題だと思う。オリジナルなアイデアを考えつかないし、製品に『文化』を取り込んでいない」[13]（"Triumph of the Nerds: The Rise of Accidental Empires: The Television Program Transcripts, Part III"）

それに答えるように、ビル・ゲイツ氏はジョブズの死後、「ジョブズのもっていたもので、ほしかったものは？」という問いに対してこう答えている。

「デザインのセンスです。スティーブ・ジョブズはすべてのものは美しくなくてはならないと考えました。彼は、工学の知識と美的センスで、デザインが世界を変えるような製品を生み出す原動力となることを示しました」（二〇一三年五月十二日、"60 Minutes"、米CBS放送）

アップルの製品には日本の美意識が反映されているのをご存じの方もいるだろう。スティーブ・ジョブズが日本びいきであったからである。イッセイ・ミヤケの洋服を毎日着用し、日本食を愛し、何度も京都を訪れた。ソニーが世に出してきた製品を心から尊敬し、一九九九年、新製品の発表会では、冒頭、その直前に亡くなった盛田昭夫をこう追悼した。

「盛田昭夫は私とアップルの仲間に大きな刺激を与えてくれた。トランジスタラジオ、トリニトロンテレビ、民生用ビデオデッキ、ウォークマン、オーディオＣＤ。これらのソニー製品は、家電業界に驚異的なイノベーションをもたらした」

ステージの中央には作業服に身を包んだ盛田昭夫の写真が高々と掲げられていた。

日本文化に造詣が深いジョセフ・バダラッコ教授はいう。

「日本の方々は、どんな些細なことでも、何か自分なりに少し工夫を加えようとするでしょう。そこに私は〝芸術的センス〟を感じるのです。だから日本の製品は美しくて魅力的なのだと思います。

お店で商品を買えば、商品も美しければ、包装の仕方も美しい。街を歩けば、鮮やかな色のほうきで掃除をしている人がいる。日本には日常的に美意識が育成される環境がありま す。日本人の美的センスは、日本の強みとして大いに生かせると思います」

④人を大切にするマインドと改善の精神

ハーバードで倫理の授業を教えるカシーク・ラマンナ准教授（Karthik Ramanna）は、欧米の企業が日本企業から学ぶべきことはたくさんあるという。とくに日本企業から「社員を人間として大切にする企業文化」を学ぶべきだと力説する。それが日本企業の成長を支えてきた源泉であり、日本はそれを決して失ってはいけないというのだ。

「日本は三千年の歴史をもつ国家ですよ。そこには豊かな歴史、伝統、文化があります。長い歴史のなかで正しいやり方を模索してきた結果、残っているのがいまの伝統であり、文化だと思うのです。

日本はいまだ家父長制が強いですよね。家長には社会的にも経済的にも他の家族の面倒をみる責任があります。それと同じように、日本企業でも家長である経営者は『自分には社員を守る責任がある』と考え、社員を家族のように扱いますよね。こうした企業文化には大きな利点もあるのです。

欧米では、社員をコモディティー、部品、スプレッドシートの数字としてしかみない企業もいます。社員を人間としてみないことが、果たしてよいことでしょうか」

アナンス・ラマン教授は、「日本企業のオペレーションシステムは、世界の人々の『道徳的要請』、つまり社員が正しく行動するための基本原則になりうる」という。ラマン教授は、日本人がつくりあげた行動原則が、「世界のあらゆるオペレーションの現場の基本」となっていくだろうというのである。

「たとえば、ケニアの自動車工場で働く従業員にとっては、トヨタの生産方式が模範となりますし、インドの小売店の店員にとっては、日本のセブン-イレブンのオペレーションが模範となるでしょう。

もちろん日本企業は優れた業績を上げていて、現地の経済にも貢献しています。しかし私はそれ以上に、日本企業のマインドセット（思考様式）が世界経済の発展に貢献できると思っています。日本企業には、『普通の人が力を合わせて大きなことを成し遂げるためのマインドやシステム』があります。改善の精神があります。それは日本人だけではなく、アメリカ人、インド人でも見習うことができる普遍的なものです」

⑤環境意識と自然観

日本人の環境意識は地球環境を救う、と考える教授もいる。

精密機器大手リコーの「二〇五〇年長期環境ビジョン」について教材を執筆したエイミー・エドモンドソン教授（Amy C. Edmondson）はいう。

「会社の成功度をお金で測るようになったのは、ここ数百年のことです。それなのに、経済性の指標ばかりが『神格化』され、人間は自らの利益のために何をやっても許されると思っています。でも人間が自然を犠牲にしてよい理由など、どこにもないのです。日本人は勤勉で努力家で、なおかつ、社会意識も高い。世界の未来に大きく貢献することのできる国民だと思います」

なぜ日本人は環境に対する意識が高いのだろうか。エドモンドソン教授は次のように分析する。

「日本は小さな島国で、食料も、資源も、土地も限られています。いわば大海原のなかを走る船と同じような生活環境です。日本人は、『限られたものをどうやったら有効に使えるか』について何千年にもわたって考えてきた国民なのです。その知恵が日本には詰まっています。反対に私たちアメリカ人は、土地は無限にあるものだ、という前提で育っています。でも二十一世紀の世界で、その考え方は正しくありません」

フォレスト・ラインハート教授は、日本人の独特の自然観も、環境意識の形成に影響しているという。

「一般的には、人口密度の高さ、国民の収入の高さが要因に挙げられますが、私は日本人の伝統的な自然観も影響していると思います。日本人は、自然に対して欧米人とは違った向き合い方をしていると感じます。

二〇一四年、私が日本で生け花教室に参加したときのことです。先生から花との向き合い方を次のように教えられました。『花を生けるときは、無理に決まったかたちをつくろうとしてはいけません。花の命、花の美を見出して生かすことです。あなたは花を生かすための手段なのです』。人間が自然を生かすための〝媒介〟になるというのは、美しいアイデアだと思いました。こうした考え方は私たちアメリカ人にはありません。だから日本人は自然も環境も大切にするのか、とあらためて感じた次第です」

経済性の指標を神格化するやり方は限界を迎えている。グローバル企業のなかにも、短期的な利益より長期的な社会貢献を提唱する企業が出てきている。こうした世界的な潮流のなかで、日本人が果たすべき役割は大きい。

⑥社会意識

渋沢栄一の合本主義が、新しい資本主義のかたちとして世界の政財界のリーダーたちから注目されていることは、第2章で述べた。

格差が拡大するばかりのグローバル社会のなかで、「金儲けよりも公益」という考え方が見直されている。ハーバードで教えられている日本企業の事例を読むと、大企業からベンチャー企業まで共通してみられるのが、この「公益」を重視するビジョンだ。武田薬品工業(タケダ)やエーザイの事例など、社会貢献とビジネスをどう両立させるかを考えさせるものもある。

二〇一四年に出版されたケース「ビジョン2020：タケダとワクチンビジネス」が描い

ているのは、タケダがグローバル市場でワクチン事業に注力するまでの過程だ。そこにはやはり「金儲けよりも公益」を優先する考え方があった。

エーザイのケース「エーザイの知識創造」の冒頭には、内藤晴夫代表執行役社長兼CEOの言葉が英語で紹介されている。

「たとえ財務目標が達成できなくとも落ち込む必要はないことを私は知っている。なぜなら私たちがやるべきことは、ヒューマンヘルスケア（hhc）を実現することだからだ」

（Takeuchi Hirotaka, Ikujiro Nonaka, and Mayuka Yamazaki. "Knowledge Creation at Eisai Co., Ltd." Harvard Business School Case 711-492, April 2011.〔Revised November 2011.〕）

ヒューマンヘルスケアとは、エーザイの企業理念を集約したもの。患者とその家族の目線からビジネスを創造し、遂行していくことだ。エーザイで何よりも優先されるのが、患者のベネフィットの向上。目先の利益ではない。

タケダ（一七八一年創業）もエーザイ（一九四一年創業）も歴史ある企業だが、こうしたビジョンがあったから長く続いたともいえるのである。

会社は何のためにあるのか、企業の責任とは何か、を日本企業の事例は考えさせてくれる。私たちが自然と身につけている「人の役に立ちたい」という気持ち。それこそが日本人の強みだと教授陣は指摘しているのだ。

「『企業には社会をよくする責任があるのだ』ということを、日本は欧米社会に教えられるのです。変革と伝統の維持。この二つを両立できれば、日本は世界のお手本となると思います」（カシーク・ラマンナ准教授）

「日本人の社会に対する使命感、社会を繁栄させていこうとするマインドセットこそ、日本人の長所だと思います」（ニエンハ・シェ准教授）

「日本人の心配り、日本人の他者を思いやる気持ちこそ、イノベーションの源泉だと思いました」（セダール・ニーリー准教授）

「新幹線お掃除劇場」の事例を執筆したイーサン・バーンスタイン助教授が取材中、驚いた話がある。それはテッセイの従業員がトイレの詰まりを解消するために、「ゴム手袋をはめた手を直接便器に突っ込んで汚物を処理する」という話だ。しかも、その方法は、従業員から「このほうが確実で早い」と提案されたのだという。

東日本大震災後、本線上に残された東北新幹線を清掃したときの話も感動的だ。二週間ぶりに清掃に入った新幹線はひどい汚れっぷりで、とくにひどかったのが、水が流れなかったトイレだった。

ペーパーと排泄物で溢れたトイレを、ゴム手袋をはめた手で清掃していく。そんなたいへんな作業をしながら、従業員の方々は、「こんな状況のなかにいたお客さまは大変だっただろう」と、自分のことではなく乗客のことを考えていた、というのだ。

「新幹線は使い捨てじゃないからね」

「当たり前ですよ。こんなに高価で、素敵なものを使い捨ててたまるもんですか」

「そう、がんばるぞ！　日本」

そう口々にいいながら、作業を続けたという（『新幹線お掃除の天使たち』遠藤功著、あさ出版）。

日本人の社会意識の高さを、最も顕著に物語る事例だろう。

「快適な国」でありすぎるというジレンマ

もちろん、ハーバードの教授陣も手放しで日本を絶賛しているわけではない。日本は数々の偉業を成し遂げてきた国なのだが、それゆえの課題もある、というのが共通した見方だ。

日本の課題は、ほぼ次の三つに集約される。

①グローバル化
②イノベーションの創出
③若者と女性の活用

日本政府もさまざまな政策を実施しているのに、なかなか構造改革が進まないのはなぜだろうか。

グローバル化が遅れている理由は二つある。一つは第4章で述べた「変化への極度の抵抗」だ。

もう一つの理由として、ジョン・クエルチ教授は、日本人全体の内向き志向を挙げる。

「グローバル、ローカルという二項対立でみれば、日本には圧倒的に『ローカル志向』の人が多いですね。他国に行って、他国から学ぼうという『グローバル志向』の人はまだまだ少ない。グローバル派が増えなければ、日本は世界から孤立し、保守的になっていくでしょう」

グローバル派が増えない要因として、日本でグローバル派が「出る杭」として認識されていることがある。多くのハーバードの教員が「出る杭は打たれる」という日本の諺《ことわざ》を引用し、これこそが日本社会の大きな課題だと指摘していた。筆者もよく「出る杭」の悩みを日本企業の社員たちから聞くことがある。

「日本ではグローバル派が正当に評価されていない」

「海外留学後、再び地方で下積みをすることになった」

「海外で活躍している人より日本の本社にずっといる人のほうが評価されるのはおかしい」

ハーバードを含め、海外の一流大学・大学院を卒業した日本人が、日本に帰国せずに海外で働くことを選んでいるのも、日本のなかでは活躍の場が限られてしまうと感じているからだ。

日本の同質的社会は大きな強みでもあるが、同時に弱みでもある。異質なもの、自分とは違ったものを受け入れて、なおかつ生かす、というのは日本にとっては大きなチャレンジだ。

なぜ日本人は内向き志向になってしまったのだろうか。ジェフリー・ジョーンズ教授は次のように分析する。

それは、日本が非常に快適な社会だからです。日本には安くて美味しいレストランがいくらでもある。電車は遅れないし、犯罪も少ない。英語を話さなくても何の不自由もない。こうした快適な社会は、日本の強みであると同時に、弱点でもあるのです。

快適な社会で生きてきた人間が一歩、国外に出ると、ものすごく不便に感じます。そうすると、わざわざ不快な異国に行こうなど思わないですよね。日本で暮らしていれば何の不自由もないわけですから。これが内向き志向を生むのです。

日本は大きなジレンマを抱えている国です。戦後、日本人は懸命に働き、国を復興させ、快適な社会をつくりあげました。ところがその快適な社会が足かせとなって、成長が停滞してしまうことになりました。「子孫のために」と思って必死につくりあげた社会が、逆に課題を生んでしまったのです。

日本の若者は昔に比べて勤労意欲が少ないと聞いていますが、それも当たり前。快適な社会で生まれて育った若者は、「世界に挑戦しよう」などとはあまり思わないでしょう。その必要性を感じないからです。

日本のような快適な社会に住んでいる人が、〝わざわざ苦労する〟〝不快な思いをしそうなことに挑戦する〟というのは難しいことです。このジレンマは簡単に解決できるものではないと思います。

高齢化社会は千載一遇のチャンスだ

イノベーションの創出が昔ほど進んでいないのも、「快適な国」であることが一因であるという。アメリカからなぜ多くの新興企業やテクノロジーが生まれるのかといえば、「アメリカが問題だらけの国だからだ」とジョン・クエルチ教授は分析する。

「アメリカのような国はエネルギーを使うといいましたが、問題を解決する必要があるからこそ世界に通用するイノベーションが生まれることもまた確かなのです。同質的な社会では、それは大きなチャレンジであると思います。

このままの状況が進めば、日本は『博物館のような国』になってしまいます。過去の功労者ばかりがいる国、先人が築いた過去の遺産が並んでいる国、という意味です」

たしかに日本から多くの技術が生まれたのは、戦後の復興期であり、モノもお金もなかった時代だ。豊かになった日本がハングリー精神を失ってしまったのは否めない。

デビッド・モス教授は、日本の成長に必要なものはすべて日本のなかにあるのに、と残念がる。

「日本は世界経済のなかでもっと大きな役割を果たすべきだと思います。近年、日本が世界の経済成長に貢献していないのは残念なことです。成長の土台となるパズルの断片はすでに国内に揃っています。ただそれが組み立てられていないだけなのです」

一方、いまの日本はイノベーションを起こすチャンスだ、と前向きな意見を述べるのが、ロザベス・モス・カンター教授だ。

「日本は高齢化社会ですね。高齢化社会であることはイノベーションを生み出しやすいという利点があります。高齢者が多ければ『若い労働者が不足しているから、道路も鉄道も思うように建設できない。それならどうしようか』と考えますね。それを解決するにはイノベーションを起こすしかありません」

日本が高齢化社会であることを逆手にとり、どのように戦略的に経済を成長させていくのか。どんなイノベーションでこの問題を解決するのか。ハーバードの学生だけではなく欧米諸国も注目しているのだ。

手つかずのままで眠る若者と女性の能力

日本の強みが人的資本＝日本人そのものであるならば、日本人の能力を最大限に生かせば、経済成長につながるのは明らかだ。それなのに現在、若者と女性の能力はほぼ手つかずのまま眠っている状態である。モス教授はいう。

日本の若者と話をすると、彼らが非常にクリエイティブで、先端的なビジネスアイデアをたくさんもっていることに気づきます。ところが、彼らは口々にこういうのです。「日本の伝統的な企業に入社すると、新人として何年も下積みをしなければなりません。新人が新規ビジネスを提案して推進するなどほとんど不可能です。入社して二十年ぐらい経たないと、自分がほんとうにやりたいことができません」と。これでは若者の創造性を潰してしまいます。

また女性の活用も進んでいません。日本はいま、少子高齢化の問題に直面していて、何もしなければ労働力は低下していくだけです。しかしこの問題も、女性の労働力をフル活用すれば、解決することができます。巨大な労働資源が日本のなかに眠っているのです。

日本で多くの企業が設立されたのは、第二次産業革命時（日本では主に明治時代）です。そのため日本企業にはいまも、大量生産することを前提に物事を考える傾向があります。しかし、現在は第三次産業革命が到来していて、もはや大量生産の時代ではありません。日本企業が本来の力を十分発揮できていないのは、時代に合わせた能力開発やリソース活用ができていないからだと思います。

若者と女性の能力を生かせるかどうかは、現在、日本企業で要職を務める五十〜七十代の男性の決断にかかっているといえよう。一般的にこの層の考え方は保守的であり、それが変化の妨げになっている、ともいわれている。

しかし、そのなかにも「このままでは日本はダメになる」と本気で考えている人がいるのも確かだ。

モス教授が、日本で二〇〇人のトップエグゼクティブを対象に講演を行ったときのことだ。「日本はもっと若者の能力を活用すべきだ」と訴えると、シニアエグゼクティブの一人が突然立ち上がって、次のように発言した。

「戦後、日本が奇跡的な成長を遂げたのは、若者が力を発揮したからです。戦争で多くの働き盛りの男性が亡くなったため、日本が復興するためには若い労働力を活用するしかありませんでした。若者が創造性を発揮し、知恵を絞ったからこそ、成長することができたのです。同じことをいま、日本はやるべきだ、と私は考えます」

モス教授は最後に「日本は必ず変わることができると信じている」と力説した。

世界はもっと日本のことを知りたがっている

筆者がハーバードの教授陣を取材して痛感したのが、「世界はもっと日本について知りたがっている」という点である。これほどの長い歴史と、長い経験が蓄積された国は世界に類がなく、そこからもっと学びたい、と思っているのだ。ところが、英語に翻訳されている情報はあまりにも少なく、それを伝える人も不足している。日本のほんとうの価値は日本に来てもらわないとわからない、という状況なのだ。

アナンス・ラマン教授は、日本企業の熱烈なファンとして日本人に向けて熱いメッセージを送る。

「もっと海外に出ていって、新しいことに挑戦していただきたいと思います。日本には『恥の文化』があることを知っています。素晴らしい『謙遜の精神』もあります。こうした文化や精神を変えよ、といっているわけではありません。こうしたものを維持しつつも、『日本が世界に教えられることはたくさんある』ということを認識していただきたいのです。自分の仕事は日本だけではなく、世界の人々の役に立つ、と考えてください。

日本人は、目の前にあるものを改善することが得意です。細部にこだわる精神も素晴らしいと思います。そのマインドセットをぜひとも、世界の人々と共有してほしいと願っています」

ラマン教授がいうとおり、日本には、謙遜を美徳とする文化があり、日本人は自らの強みをアピールするのが苦手かもしれない。

しかし、もう少し積極的に日本のよさを伝えてもよいのではないだろうか。

欧米の金銭至上主義が限界を迎えるなか、日本人の果たす役割はますます大きくなっていくにちがいない。ハーバードの教授陣がこれほどまでに日本を研究し、日本を高く評価しているのである。二〇一六年にも、多くの教授が来日し、日本企業を訪問する予定だ。オペレーション、歴史、政治・経済、戦略・マーケティング、リーダーシップ……。すべての部門で彼らは日本の事例を探している。

私たちは自らの価値を認識し、もっと世界に発信すべきである。それが究極的には世界をよくすることにつながっていくことだろう。

〔13〕 http://www.pbs.org/nerds/part3.html

おわりに

コロンビア大学経営大学院に留学していたころ、授業中、英語でうまく発言することができなかった私は、立て板に水のごとく発言するアメリカ人を横目に、よく、こう思っていたものです。

「あー、できるものなら、アメリカ人に生まれたかった」

「古文や漢文を勉強していた時間を英語に回していたら、この人たちには絶対負けなかったのに……」

ところが本書を書いてみて、いかに自分の価値観が間違っていたかに気づきました。日本人がどれだけ世界から羨《うらや》まれる存在であるかがわかったからです。

日本の強みは日本人である。ハーバード教授陣からの熱い激励のメッセージが、私だけではなく、多くの日本人を勇気づけることを願います。

本書の取材に協力してくださった、左記のハーバード大学経営大学院の教授陣には心より感謝申し上げます。

Laura Alfaro, Joseph L. Badaracco, Ethan S. Bernstein, Ryan W. Buell, Doug J. Chung, Amy C. Edmondson, Ranjay Gulati, Andrei Hagiu, Nien-he Hsieh, Geoffrey G. Jones, Rosabeth Moss Kanter, Carl W. Kester, David A. Moss, Tsedal Neeley, John A. Quelch, Ananth Raman, Karthik Ramanna, Forest L. Reinhardt, Sandra J. Sucher（アルファベット順）。

ハーバード大学経営大学院の広報・メディア部門ディレクター、ジム・アイズナー氏（Jim Aisner）にも感謝の意をお伝えしたいと思います。

日本人留学生の杉本洋平さんと向山哲史さん、卒業生の青井倫一教授（明治大学ビジネススクール グローバル・ビジネス研究科長）には、長時間取材に応じてくださっただけではなく、本書の方向性についてもご助言いただきました。厚くお礼を申し上げます。

最後に、膨大なインタビュー原稿を前に心が折れそうになっている私を、忍耐強く励ましてくださったＰＨＰ研究所新書出版部の藤岡岳哉さんに、心より感謝いたします。

二〇一五年十二月吉日

佐藤智恵

主要参考文献

〈書籍〉

ヴォーゲル・エズラ・F（広中和歌子・木本彰子訳）「ジャパン アズ ナンバーワン」阪急コミュニケーションズ
ウォルツァー・マイケル（萩原能久監訳）「正しい戦争と不正な戦争」風行社
エドモンドソン・エイミー・C（野津智子訳）「チームが機能するとはどういうことか──『学習力』と『実行力』を高める実践アプローチ」英治出版
カリアー・トーマス（小坂恵理訳）「ノーベル経済学賞の40年（上）20世紀経済思想史入門」筑摩書房
クリステンセン・クレイトン（伊豆原弓訳）「イノベーションのジレンマ」翔泳社
ジョーンズ・ジェフリー（江夏健一・山中祥弘監訳、ハリウッド大学院大学ビューティビジネス研究所訳）「ビューティビジネス──『美』のイメージが市場をつくる」中央経済社
ドーア・ロナウド・P（松居弘道訳）「学歴社会　新しい文明病」岩波書店
ハーシー・ジョン（石川欣一・谷本清・明日川融訳）「ヒロシマ〔増補版〕」法政大学出版局
バダラッコ・ジョセフ・L（夏里尚子訳）「静かなリーダーシップ」翔泳社
バダラッコ・ジョセフ・L（山内あゆ子訳）「ハーバード流マネジメント講座 ひるまないリーダー」

翔泳社
遠藤功「新幹線お掃除の天使たち」あさ出版
橘川武郎・フリデンソン・パトリック編著「グローバル資本主義の中の渋沢栄一」東洋経済新報社
渋沢栄一「論語と算盤」（角川ソフィア文庫）KADOKAWA
新渡戸稲造（岬龍一郎訳）「武士道」（PHP文庫）PHP研究所
相田洋・茂田喜郎「NHKスペシャル　マネー革命　第2巻　金融工学の旗手たち」（NHKライブラリー）日本放送出版協会
竹田恒泰「アメリカの戦争責任」（PHP新書）PHP研究所
湯谷昇羊「『できません』と云うな―オムロン創業者立石一真」（新潮文庫）新潮社
藤原正彦「国家の品格」（新潮新書）新潮社
日本郵船編「二引の旗のもとに　日本郵船百年の歩み」日本郵船
堀紘一「コンサルティングとは何か」（PHPビジネス新書）PHP研究所
本田宗一郎「本田宗一郎　夢を力に　私の履歴書」（日経ビジネス人文庫）日本経済新聞出版社
本田宗一郎「やりたいことをやれ」PHP研究所
矢部輝夫「奇跡の職場　新幹線清掃チームの〝働く誇り〟」あさ出版
Fisher, Marshall, and Ananth Raman, "The New Science of Retailing: How Analytics Are Transforming the Supply Chain and Improving Performance" Harvard Business School Press,

2010
Gulati, Ranjay “Reorganize for Resilience: Putting Customers at the Center of Your Business” Harvard Business School Press, 2010
Kanter, Rosabeth Moss “Move: Putting America's Infrastructure Back in the Lead” W W Norton & Co, 2015
Quelch, John A. and Katherine E. Jocz “All Business Is Local: Why Place Matters More Than Ever in a Global, Virtual World” Portfolio, 2012
Sucher, Sandra J. “Teaching The Moral Leader: A Literature-based Leadership Course: A Guide for Instructors” Routledge, 2007
Sucher, Sandra J. “The Moral Leader: Challenges, Tools and Insights” Routledge, 2007

〈教材〉
※ハーバード大学経営大学院の教材は次のいずれかのウェブサイトで購入することができます。一部、購入できない教材もありますので、ご了承ください。
https://hbr.org/store/case-studies
https://cb.hbsp.harvard.edu/

Alfaro, Laura, and Akiko Kanno. “Kinyuseisaku: Monetary Policy in Japan (A).” Harvard Business

School Case 708-017, January 2008. (Revised April 2009.)
Alfaro, Laura, and Akiko Kanno. "Kinyuseisaku: Monetary Policy in Japan (B)." Harvard Business School Supplement 709-056, March 2009. (Revised May 2013.)
Alfaro, Laura, and Hilary White. "Japan's Missing Arrow?" Harvard Business School Case 715-050, April 2015. (Revised May 2015.)
Alfaro, Laura, and Hilary White. "Kinyuseisaku: Monetary Policy in Japan (C)." Harvard Business School Supplement 713-086, May 2013.
Baker, Malcolm, Adi Sunderam, Nobuo Sato, and Akiko Kanno. "Restructuring JAL." Harvard Business School Case 214-055, November 2013. (Revised January 2015.)
Bernstein, Ethan, and Ryan Buell. "Trouble at Tessei." Harvard Business School Teaching Note 616-031, October 2015. (Revised December 2015.)
Christiansen, Evelyn T., and Richard Pascale. "Honda (A)." Harvard Business School Case 384-049, August 1983. (Revised March 2011.)
Christiansen, Evelyn T., and Richard Pascale. "Honda (B)." Harvard Business School Case 384-050, August 1983. (Revised March 2011.)
Chung, Doug J., and Mayuka Yamazaki. "ANA (A)." Harvard Business School Case 515-034, August 2014. (Revised December 2015.)
Eccles, Robert G., Amy C. Edmondson, Marco Iansiti, and Akiko Kanno. "Ricoh Company, Ltd."

Harvard Business School Case 610-053, February 2010. (Revised December 2011.)

Elberse, Anita, Andrei Hagiu, and Masako Egawa. "Roppongi Hills: City Within a City." Harvard Business School Case 707-431, January 2007. (Revised October 2011.)

Hagiu, Andrei, and Masahiro Kotosaka. "GREE, Inc." Harvard Business School Case 713-447, November 2012. (Revised June 2013.)

Jones, Geoffrey, Masako Egawa, and Mayuka Yamazaki. "Yataro Iwasaki: Founding Mitsubishi (A)." Harvard Business School Case 808-158, June 2008. (Revised November 2015.)

Mishina, Kazuhiro. "Toyota Motor Manufacturing, U.S.A., Inc." Harvard Business School Case 693-019, September 1992. (Revised September 1995.)

Moss, David A., and Eugene Kintgen. "The Dojima Rice Market and the Origins of Futures Trading." Harvard Business School Case 709-044, January 2009. (Revised November 2010.)

Neeley, Tsedal. "Language and Globalization: 'Englishnization' at Rakuten (A)." Harvard Business School Case 412-002, August 2011. (Revised April 2013.)

Neeley, Tsedal. "Language and Globalization: 'Englishnization' at Rakuten: Results Are In! (B)." Harvard Business School Supplement 413-090, March 2013. (Revised April 2013.)

Quelch, John A., and Margaret L. Rodriguez. "Vision 2020: Takeda and the Vaccine Business." Harvard Business School Case 514-084, March 2014. (Revised December 2014.)

Reinhardt, Forest L., Dennis A. Yao, and Masako Egawa. "Toyota Motor Corporation: Launching

Prius." Harvard Business School Case 706-458, January 2006. (Revised December 2006.)
Reinhardt, Forest, Mayuka Yamazaki, and G. A. Donovan. "Dongfeng Nissan's Venucia (A)." Harvard Business School Case 714-014, October 2013.
Rotemberg, Julio J. "Japan: Betting on Inflation?" Harvard Business School Case 714-040, January 2014. (Revised February 2014.)
Takeuchi, Hirotaka, Ikujiro Nonaka, and Mayuka Yamazaki. "Knowledge Creation at Eisai Co., Ltd." Harvard Business School Case 711-492, April 2011. (Revised November 2011.)

PHP新書

PHP INTERFACE
http://www.php.co.jp/

佐藤智恵［さとう・ちえ］

1970年兵庫県生まれ。92年東京大学教養学部卒業後、NHK入局。ディレクターとして報道番組、音楽番組などを制作する。2001年米コロンビア大学経営大学院修了（MBA）。ボストンコンサルティンググループ、外資系テレビ局などを経て、12年作家・コンサルタントとして独立。著書に『外資系の流儀』（新潮新書）、『世界最高MBAの授業』（東洋経済新報社）、『世界のエリートの「失敗力」』（PHPビジネス新書）ほか多数。近年はテレビ番組のコメンテーターも務めている。

ホームページ http://www.satochie.com

ハーバードでいちばん人気の国・日本

なぜ世界最高の知性はこの国に魅了されるのか

PHP新書1029

二〇一六年一月二十九日　第一版第一刷

著者――佐藤智恵
発行者――小林成彦
発行所――株式会社PHP研究所
東京本部――〒135-8137 江東区豊洲5-6-52
新書出版部 ☎03-3520-9615（編集）
普及一部 ☎03-3520-9630（販売）
京都本部――〒601-8411 京都市南区西九条北ノ内町11
組版――有限会社エヴリ・シンク
装幀者――芦澤泰偉＋児崎雅淑
印刷所・製本所――図書印刷株式会社

ISBN978-4-569-82727-8

ＰＨＰ新書刊行にあたって

「繁栄を通じて平和と幸福を」（PEACE and HAPPINESS through PROSPERITY）の願いのもと、ＰＨＰ研究所が創設されて今年で五十周年を迎えます。その歩みは、日本人が先の戦争を乗り越え、並々ならぬ努力を続けて、今日の繁栄を築き上げてきた軌跡に重なります。

しかし、平和で豊かな生活を手にした現在、多くの日本人は、自分が何のために生きているのか、どのように生きていきたいのかを、見失いつつあるように思われます。そして、その間にも、日本国内や世界のみならず地球規模での大きな変化が日々生起し、解決すべき問題となって私たちのもとに押し寄せてきます。

このような時代に人生の確かな価値を見出し、生きる喜びに満ちあふれた社会を実現するために、いま何が求められているのでしょうか。それは、先達が培ってきた知恵を紡ぎ直すこと、その上で自分たち一人一人がおかれた現実と進むべき未来について丹念に考えていくこと以外にはありません。

その営みは、単なる知識に終わらない深い思索へ、そしてよく生きるための哲学への旅でもあります。弊所が創設五十周年を迎えましたのを機に、ＰＨＰ新書を創刊し、この新たな旅を読者と共に歩んでいきたいと思っています。多くの読者の共感と支援を心よりお願いいたします。

一九九六年十月

ＰＨＰ研究所

PHP新書